KB004557

나의
인생계획

나의
인생계획

MY LIFE
PLAN

혼다 세이로쿠 지음 | 전형배 옮김

나는

평범하기 짝이 없는 집안에서 태어났다.
그럼에도 불구하고,
비교적 행복하고 감사할 만한 인생을
오랫동안 향유할 수 있었던 이유는
단 하나!
일찍부터 직접 설계한 '인생계획'을
실천하려 노력했기 때문이다.

세상에는
노력 없이 먹을 수 있는 맛있는 떡이
흔치 않다.
너무 빨리 성공을 거둔 사람은
대개 너무 빨리 실패하기도 쉽다.

재산을 모으는 과정 속에서
우리는 다양한 축적의 법칙을 배운다.
능력의 축적, 지적 체험의 축적,
덕의 축적 등…….
어쩌면 돈보다 무형의 자산이
훨씬 중요할 수 있다

사람은 학교를 통하지 않으면
아무것도 배우지 못한다고 생각하지만
학교에서 배우는 것만으로는 한계가 있다.
사회에 나가 일에 몰두함으로써
진정한 인격이 형성되고
세상에 두루 통하는 살아있는 지식을
얻을 수 있다.

나의 약력

1866년 일본 사이타마현埼玉県에서 태어났다.

11세 때 아버지를 잃고, 농사일을 도와가며 고학했다. 19세 봄, 도쿄 산림학교에 입학했다. 1학기 시험에 낙제한 후, 이를 비관해 우물에 투신했으나 다행히 죽지 않았다. 마음을 다잡고 필사적으로 공부한 끝에 2학기 연속 최우수 성적을 거두었고, 부상으로 은시계를 받았다. 이를 통해 나는 낙제할 정도로 머리가 나쁘지만, 노력 여하에 따라 성공할 수 있다는 자신감을 얻었다.

일과 공부를 병행하는 것이 취미가 된 나는 극단적인 가난마저 유쾌하게 견딜 수 있게 되었다. 만 25세에 일본과 독일의 두 대학을 졸업하고, 도쿄 대학 조교수가 되었다. 그때 평생의 삶, 즉 내 인생의 계획을 세웠는데, '40세까지는 근검저축하여 생활안정의 기초를 닦고, 60세까지는 최선을 다해 연구에 전념하고, 70세까지는 사회에 봉사하며, 그 후로는 산 좋고 물 좋은 온천마을에서 주경야독을 즐긴다'는 것이었다. 그 후 나는 매일 1매 이상의 글을 쓰고, 월급에서 4분의 1은 우선적으로 저축하는 생활을 시작했다. 40세가 되자, 저금에서 나오는 이자가 월급 이상이 되었다. 그때부터 나는 '만 권의 책을 읽고 만 리의 길을 여행한다讀萬卷書 行萬里

^꽁'는 오랜 숙원을 실천에 옮겼는데, 해외에 19회를 다녀오고 370여 권의 책을 출간했다.

나는 교직에 종사하는 한편, 기회가 닿을 때마다 정부나 지방자치단체의 일을 다양하게 수행했다. 즉, 전국적인 공원 설계나 개량사업, 관동대지진 후의 도시 재생사업, 가로수 선정사업 등에 노력을 기울였다. 아울러 경제인의 자문역할을 함으로써 시멘트, 수력발전, 식림사업, 환경파괴 문제 등 민간 사업에도 관여했다.

만 60세가 되어 정년퇴직한 뒤로 나는 '특별하게 많은 재산이나 명예로운 지위가 결코 행복을 주지 않는다. 나에게나 후손에게나 폐해가 될 뿐 이로울 것이 없다'는 사실을 깨달았다. 그리하여 대부분의 재산을 사회사업에 내놓고, 다시 일과 연구를 병행하는 간소한 생활로 돌아갔다. 70세까지 10년 동안 종교·철학·역사·경제·법률 분야의 서적들을 탐독하다가, 우연히 아인슈타인의 상대성이론을 접하고 많은 영향을 받았다. 그 뒤로 새롭게 10년 계획을 세운 나는 학창시절의 젊은이로 돌아가 '새로운 인생학'을 연구하는 데 전념하고 있다.

1951년 10월 혼다 세이로쿠

1

인생계획은
어떻게
세우는가

2

인생계획의
수립 및
실천

3

어떻게
살아가야
하는가

내가 처음으로 '인생계획'에 대해 생각한 건 독일 유학 (1890~1892년) 시절이었다. 당시 독일에는 임업경영법을 연구하는 '임업계획'(삼림경영학)이라는 학문분야가 있었다. 나는 당시 독일의 임업이 대단히 체계적이고 질서정연하며　경제적으로 운영되고 있음에 감탄했다. 동시에 이런 계획성이 임업에만 국한되지 않고, 나 같은 보통사람의 일상적인 삶에도 필요하다는 자각을 하게 되었다.

　나는 독일에서 귀국하는 대로 나만의 '인생계획'을 세우고 그것을 실천해보고 싶었다. 그리고 내 경험을 토대로 어떻게든 그 분야를 체계화시켜야겠다고 결심했다. 하지만 그로부터 50여 년이 지나서야 구체적으로 착수

했는데, 내가 78세가 된 1943년의 일이었다.

그해에 마침 세계적으로 유명한 독일의 지정학자地政學者인 에브너 박사가 강연차 일본에 왔다. 그는 내가 머물러 있던 도쿄 인근 시즈오카의 간코산장歡光山莊으로 찾아와, 자신이 쓴『독일 국민과 삼림』의 원고에 대한 비평과 서문을 부탁했다.

우리는 이런저런 이야기를 나누다가 자연스럽게 인생론으로 대화가 흘러갔다. 나는 당시 집필 중이던『나의 인생계획』초고를 보여주었다. 그런데 그가 놀란 표정으로 원고를 반기는 것 아닌가?

'인생계획학'은 지식인이라면 누구나 한 번쯤 쓰고 싶어하지만, 비범한 재능은 물론이고 오래 살지 않으면 불가능한 일이다. 이미 괴테 같은 대문호가 그런 글을 쓰려했지만, 아쉽게도 원고를 마치지 못한 채 세상을 떠나고 말았다. 그것을 직접 이룰 수 있다면 얼마나 훌륭한 일이냐며 반색을 했다. 그는 틀림없이 세계 최초의 쾌거일 거라면서, 얼른 완성해 한 권 보내달라고 성화였다. 그리고 요점만이라도 독일어로 먼저 번역하고 싶다고 했다.

물론 멀리서 온 손님의 인사치레 섞인 말이었을 수도 있다. 그럼에도 불구하고 우리를 이끌어주는 대가들의 책이 적지 않지만, 인생 전반에 대해 적당한 사례를 토대로 설명해주는 책이 눈에 띄지 않는 건 분명한 사실이다. 나는 에브너 박사의 격려에 힘입어 원고의 완성을 서둘렀다.

올바른 과학적 인생관에 입각한 '인생계획'은 우리가 주어진 시간을 살아가는 데 없어서는 안 될 인생의 설계도나 마찬가지다. 설계도 없이는 아무리 노련한 건축가라도 훌륭한 집을 지을 수 없듯이, 잘 세워진 '인생계획' 없이는 누구도 훌륭한 인생을 살아가기 어렵다. '인생계획'이야말로 삶을 충실하게 만들고 행복하게 해주는 유일한 나침반이다.

나의 '인생계획'은 지난 세월 속에서 직접적으로 체험한 것들 가운데 얻어낸 결실이다. 어쩌면 이 세상에서 오직 나에게만 통용되는 것일지도 모른다. 그러므로 나의 인생계획을 다른 사람의 직접적인 '인생계획'으로 삼을 수는 없을 것이다. 하지만 각자의 타고난 성격과 환경에 맞추어 자신만의 '인생계획'을 세우는 데 조금이나마 참고가 되리라 믿는다. 아울러 이 책을 어떤 연령대의 독자가 읽더라도 무리가 없도록 고심했다. 혹시 독자 여러분

중 누군가가 자신의 '인생계획'을 세우는 데 이 책이 도움이 된다면 그 이상 기쁜 일이 없을 듯하다.

1951년 10월

혼다 세이로쿠

1

인생계획은
어떻게
세우는가

인생에 왜 계획이 필요한가

인간의 생활과 계획성

일반적으로 동물의 지식은 대단히 단순하다. 어떤 동작을 반복하던 중 자연스럽게 취하는 습성과 기억이 전부라 해도 과언이 아니다. 따라서 나날의 생활이란 상황에 따라 반응하는 것에 불과할 뿐, 별다른 계획성이 없다. 습성이 된 저마다의 경험, 그리고 본능에 의한 무의식적 지식으로 살아갈 뿐이다.

그러나 인간은 '만물의 영장'이란 호칭에 걸맞게 매우 복잡한 지식을 지닌다. 사물을 분석하거나 종합하고, 다양한 내용을 오래도록 기억하는 능력이 있다. 따라서 한 가지 사항을 중심에 두고 지식을 복합적으로 활용한다. 이것이 인간과 동물의 가장 큰 차이라고 하겠다.

물론 아무리 잘났더라도 인간 역시 동물의 일종인 이상 고유한 습성이 있고 본능도 작용한다. 그러나 교육이나 교양의 힘(물론 때로는 그 점을 회의하게 만드는 일들도 생겨나지만)으로 그것을 노골적으로 드러내지 않는 점이 인간만의 특징이다. 즉, 인간의 본능은 교양의 힘에 통제를 받는다. 게다가 일상생활에서는 인류의 경험을 통합한 지식에 근거하여 계획성을 지닌다. 어떤 일을 할 때면 계획을 세우고, 계획에 지배당하며, 계획에 따라 생활하게 된 것이다.

이처럼 인간은 계획적인 생활을 하는 동물이다. 그러므로 '행복한 인생은 좋은 계획에서 시작된다.' 따라서 그 계획은 확실하게 일상생활을 기반으로 진행되어야 할 것이다.

계획적인 일상과 무계획적인 일상

세상에는 아무런 계획 없이 살아가는 것처럼 보이는 사람도 있게 마련이다. 그러나 그런 경우조차 무의식적으로는 어느 정도의 계획성을 가지고 있다.

아무리 제멋대로 생활하는 사람일지라도 일반적으로 내일의 일 혹은 모레의 일, 다음에 해야 할 작업 따위를 전혀 생각하지 않고 생활하는 경우는 없다. 비록 원대한 계획은 없을지라도 눈앞의 작은 계획은 누구나 갖고 있다. 자신이 행동한 결과나 현재 일이 어떻게 진행되고 있는지를 가늠하지 않으면서 생활한다면 정상이 아니다. 이것이 인간 본연의 모습이다.

이처럼 인간의 생활에는 언제 어디서나 본질적으로 계획성이 내포되어 있다. 그럼에도 불구하고 얼핏 무계획적인 생활을 반복하는 것처럼 보이는 까닭은, 계획을 세우는 태도가 철저하지 못하거나 애매하기 때문이다.

우리는 하루 세끼 밥을 먹을 때 미리 메뉴를 정한다. 아침에는 이걸 먹었으니 점심으로는 이걸 먹자, 따라서 이런 재료를 준비하자는 등의 계획이 세워진다. 부엌에

서기 전에 적어도 밥을 먹을지 빵을 먹을지 정도의 결정은 내리고 있어야 한다. 그렇지 않을 경우, 아침도 된장국, 점심도 된장국, 저녁도 된장국을 먹는 상황에 놓일 수 있다. 물론 삼시세끼를 된장국으로 만족할 수도 있겠으나, 조금만 계획을 세우면 식사시간이 훨씬 즐거워질 것이다.

우리의 눈앞에서 펼쳐지는 단기간의 행동조차 이러하다. 하물며 한평생 꾸려가야 할 기나긴 삶은 어떻겠는가? 신중한 태도로 우리에게 주어진 시간을 조직적이고 계획적으로, 그리고 창조적으로 고찰해야 한다.

두 번 다시 주어지지 않는 삶

예를 들어 사업을 할 경우, 우선 사업 내용을 업무에 따라 각 부서별로 세분하고, 그것이 긴밀히 연결되고 마찰이 일어나지 않도록 모든 조직을 계획적으로 조정해야 한다. 그렇게 해서 창출된 하나의 목적에 집중하도록 만들어야 한다.

이는 작은 규모의 밭을 일굴 때도 마찬가지이다. 그 밭에 어떤 작물들을 재배할지 미리 생각해야 한다. 예를 들어, 감자를 거둔 뒤에는 보리씨를 뿌리고, 그 다음에는 배추를 심겠다는 계획이 세워져 있어야 한다. 물론 농사를 짓는 사람이라면 누구나 그 정도의 생각이 머릿속에 있을 것이다.

그런데 그런 이들조차 자신의 인생을 운영·관리하는 일에는 관심을 갖지 않고 내버려두는 경우가 비일비재하다. 그저 상황이 흘러가는 대로 자신을 맡기고 환경에 지배당한다. 자신의 삶을 스스로 어떻게 해보려 하지 않는 것이다. 이는 아무리 생각해도 정말 이상한 일이다.

사람들이 그렇게 되기를 원해서 그런 것은 결코 아니다. 어떻게 해야 좋을지 몰라 고민하면서도, 그저 상황에 끌려가며 불안감을 느낀다. 그러다가 소극적인 상태가 되어, 어차피 계획을 세워봤자 쓸모없다고 생각하며 포기해버린다. 또 계획을 세우더라도 의지가 약해 제대로 실천하지 못한다.

이러한 상황이 빚어지는 원인으로는 나약한 의지, 철저하지 못한 준비, 게으름 등을 꼽을 수 있을 것이다. 하지만 누구에게나 한 번뿐인 인생인데, 과연 이렇게 살아도 될까? 나는 이것이야말로 인생의 자살행위나 다름없다고 단언한다.

계획성과 자유

계획이란 용어가 간혹 자유와 상치되는 것처럼 여겨지기도 한다. 계획경제라든지 계획배급이라는 말을 들으면 시대에 뒤떨어진 것 같다는 느낌을 받는다.

그러나 이는 계획성 자체가 나빠서가 아니다. 단지 그것을 실행해나가는 과정에서 유감스런 일이 많이 발생했기 때문이다.

진정한 계획은 분명 진정한 자유와 통하며, 이들은 결코 대립적이지 않다. 자유가 인간의 본능에 속하는 것과 마찬가지로, 계획 또한 인간성과 합치되기 때문이다. 오히려 자유를 확보하기 위한 계획이라고 보는 것이 타당하다.

즉, 인생계획은 결코 인생의 자유를 속박하지 않는다.

오히려 자유의 확대와 충실성을 도모하는 '자유의 사도'라 해도 과언이 아니다. 제대로 된 계획 없이는 진정한 자유를 구가하지 못한다고 단언할 수 있다.

과거에는 인생의 목적을 찰나의 향락으로 보기도 했다. 그러나 그 찰나주의 혹은 향락주의는 근원적인 인간성과는 어울리지 않는다. 본능에 자신을 내맡긴 채 상황에 반응하며 행동할 뿐이어서, 동물과 다를 바가 없다. 이는 인간이 인간다울 수 있는 이유를 스스로 망각하는 것이다.

우리는 조용히 과거를 생각하며, 현재의 상황을 직시하고, 미래를 헤아려보아야 한다. 눈앞의 어려움을 회피하거나 두려워하지 않으며, 굳은 의지로 평생의 삶에 조직적인 계획성을 부여해야 한다. 소중한 일상에 질서 있고 능률적인 플랜plan을 안겨주어야 한다. 즉, 각자 계획을 세우고 목표를 정함으로써 하루하루의 생활에 희망이 넘치고, 기쁨이 함께하는 가운데 힘써 일하고, 작은 성취들로 생활이 즐거워지고, 삶의 보람이 충만한 채 계속 일하게 되는 것이다. 인생계획이란 또 하나의 노력계획이기도 하다.

향상심의 충족과 '노력 예정표'

지금까지 계획을 세우는 일이 우리 인생에서 얼마나 절실한지와 함께 '계획'이 결코 '자유'와 대립되지 않음을 이야기했다.

그렇다면 인생계획을 어떻게 세우고, 어떤 순서로 결정해야 할까? 각자가 자신의 능력을 잘 헤아려보고, 실행 가능한 범위에서 적절히 계획해야 한다. 목표가 지나치게 높아서도 안 되지만, 너무 낮은 것도 곤란하다. 최선을 다하면 달성할 수 있는 정도의 계획을 세우는 것이 바람직하다. 그래야 삶의 보람을 맛보는 인생이 가능하다.

이 계획에는 반드시 향상심의 만족이란 항목이 포함되어야 한다. 아니, 그것이 계획의 핵심이어야 한다. 향상이 곧 노력이고 노력이 곧 향상이므로, 이 두 가지를 따로 생각해선 안 된다. 이른바 인생계획은 향상심의 충족, 즉 '노력 예정표'이다.

우리가 이처럼 계획된 생활을 예정하고 그것을 실행했을 때, 과연 어떤 효과 혹은 실익을 거둘 수 있을까?

1_ 해야 할 일의 순서를 오판하지 않고 각 단계를 질서정연하게 밟아나갈 수 있다.

2_ 낭비가 없고, 매사 무리하지 않게 되며, 효율성이 높아진다.

3_ 일의 결과가 예측 가능해 진행상황을 원하는 대로 제어하게 됨으로써 시간과 노력이 크게 절약된다.

4_ 앞날에 대해 늘 희망적이며, 현재에 대해서도 편안한 마음이 된다. 초조와 고뇌와 피로에서 벗어나게 되므로 매사 여유로워진다.

5_ 비교적 빨리 성공을 거두고, 건강하게 장수하며, 평온하고 무난한 일생을 보낼 수 있다.

물론 이것 말고도 좋은 점은 얼마든지 있다. 이처럼 계획적인 생활은 인간의 본성에 가깝다. 아울러 그 계획이 올바른지에 따라 인간의 가치가 결정된다. 그러므로 우리는 주변 상황과 자신의 능력을 잘 헤아려, 각자에게 적합한 계획을 세움으로써 인생을 의미 있게 만들어야 한다.

나는 평범하기 짝이 없는 상태로 세상에 태어났다. 그럼에도 지금까지 비교적 행복한 마음으로 감사하며 생활할 수 있었던 건 오직 한 가지, 일찍부터 '인생계획'을 세우고 실천하려 노력한 덕분이다.

66

돈이란 건 눈사람과 같아서

처음에는 자그마한 눈뭉치로 시작하지만,

중심을 이뤄 구르기 시작하면

신기하게 커져간다.

젊고 힘들었을 때 소득의 4분의 1을 미리 떼어내

저축을 시작한 것이 꼭 그와 같았다.

99

내가 세운 최초의 '인생계획'

만 25세에 세운 꿈

내가 '평생의 이정표'로써 인생계획을 처음 마련한 것은, 독일 유학에서 돌아와 만 25세에 도쿄대학 조교수로 임명되었을 때이다. 이는 앞에서 이야기한 것처럼, 독일의 삼림경영이 합리적이고 경제적인 '임업계획'에 따라 질서정연하게 실행되는 것을 보고, 인생에도 계획이 필요함을 절감한 유학시절의 발상에 따른 것이었다.

당시 나는 유소년 시절부터 체득한 신념이 확고하게 자리잡아 오직 하나의 길을 바라보고 있었다. '나의 평생 동안의 예정'은 그러한 기반 위에서 세심한 주의와 원대한 이상이 더해짐으로써 새로운 '인생계획'으로 구체화되었다.

그 계획은 대략 다음과 같다.

1기 만 40세까지의 15년 동안은 세상 사람들이 바보라고 비웃고 구두쇠라고 욕할지라도 치열하게 아끼고 저축한다. 그리하여 나와 가족의 경제적 독립 및 안정의 기초를 다진다.

2기 만 40세부터 만 60세까지의 20년 동안은 전문적인 직무(대학교수)를 통해 학문 탐구에 열중하며, 국가와 사회를 위해 열심히 일한다.

3기 만 60세부터 10년 동안은 국가와 세상의 은혜에 보답하기 위해 일체의 명예나 이익을 떠나 사회에 봉사한다.

4기 다행히 70세가 넘어서도 살아있다면 산 좋고 물 좋은 온천 마을에 거처를 두고 주경야독하며 만년을 즐긴다.

*** 널리 만 권의 책을 읽고, 멀리 만 리를 여행한다.

계획 하나하나가 지극히 간단명료하여 더 이상의 설명이 필요 없을 듯하다. 다만 이렇게 정한 데에는 나름의 이유가 있었다.

생활의 안정이 최우선 과제

1기의 주요 목적은 근검저축의 실행이었다. 이는 11세에 아버지를 여의고 겪었던 고통스런 가난이 그 이유였다.

오늘날에는 근검저축이 국가사회에 대한 공헌이라고 받아들여지지만, 당시만 해도 그런 견해가 정립되어 있지 않았다. 저축은 오직 개인적인 경제행위로 간주되었다. 따라서 인생계획의 1기는 어느 정도의 용기와 결단이 필요한 내용이었다. 어쩌면 인간으로서 가장 중요한 정신적 요소를 망각한 것이라고 비난받을 수도 있는 상황이었다.

그러나 당시의 내 입장에서는 정신적 요소를 고려할 정도로 마음의 여유를 갖기 어려웠다. 그만큼 경제적으로 곤궁한 처지였다. 따라서 안정된 가정을 만들기 위한 첫걸음으로 근검절약 및 저축이 머릿속에 떠올랐다. 이렇게 하여 경제적 조건의 개선이 나의 첫 인생계획으로 결정된 것이다.

인생계획 2기에서는 더 이상 근검절약 및 저축을 언급하지 않는다. 그러나 이는 불필요하다는 의미가 아니다. 15년 동안의 저축으로 가정을 안정시킬 만큼의 자산을 확보할 자신이 있었기 때문이다.

물론 백만장자의 부를 목표로 삼은 것은 아니었다. 기껏해야 수만 엔 정도면 된다고 생각했다. 메이지 시대(1868~1911년) 중엽에는 그 정도가 엄청난 거금이어서, '기껏해야'라고 표현했지만 많은 노력이 필요했다.

어쨌든 일하는 것이야말로 사람에게 주어진 평생의 이상이며 목적이기 때문에, 2기에는 오로지 학문을 연구하며 사회와 국가를 위해 열심히 일하겠다고 결심했다.

직장생활에서 사회봉사로

3기는 2기를 발전시킨 것으로, 책임감을 갖고 더 철저히 실행하기 위해 설정했다. 즉, 이 시기에는 지위도, 명예도, 부도 추구하지 않는 완전한 봉사생활을 하고자 했다. 부족한 인생계획이기는 하나 그럭저럭이라도 지켜나간다면, 이는 결코 나 한 사람의 노력에 기인한 것이 아니었다. 국가와 사회의 은혜에 힘입은 것이기에, 최선을 다해 보답해야 한다고 생각했다.

공자는 "아침에 도道를 들으면 저녁에 죽어도 좋다"고 말했다. 도는 곧 길이다. 나는 인생계획을 실천하다 비록 쓰러지더라도, 그 직전까지 계획한 길에서 벗어나지 않는다면 그것으로 만족하겠노라 결심했다. 그리고 다행히도 3기를 완수하게 된다면, 그때부터야말로 주경야독하는 가운데 유유자적하며 살고 싶었다. 그 정도의 사치는 누가 뭐라든 용서받을 수 있다고 생각했다. 이것이 나의 4기 인생목표였다.

아니, 70세를 넘긴 노인에게 주경야독이 사치인가? 주경야독을 통해 자기 자신을 성찰하고 후배들의 정신적 고양에도 도움이 된다면, 그 또한 훌륭한 시간 아니겠는가? 산수가 뛰어난 온천마을을 염두에 둔 것은, 온천과 관련된 추억 및 노인으로서의 신체적 특징을 고려한 결정이었다.

열여섯 살이 되던 해 초여름, 은사였던 시마무라 야스시 선생님을 모시고 닛코의 유모토 온천에 다녀온 일이 있었다. 그때 느꼈던 행복감을 나는 오래도록 잊지 못했다. 뿐만 아니라 면역력이 떨어져가는 노인에게 온천마을은 최적지였다. 4기는 당시 내 인생계획의 종착점이나 마찬가지였다.

마지막 항목, '널리 만 권의 책을 읽고 멀리 만 리를 여행한다'는 것은 소년시절 농촌일을 도우며 떠올린 오래된 문장이다. 이는 학문을 탐구하며 일생을 보내겠다는 마음가짐을 단적으로 서술한 것이다. 4기까지가 주로 물질적인 생활 및 사회활동을 규정했다면, 이것은 나 개인의 이상적인 모습을 어느 정도 염두에 둔 것이었다.

최초 인생계획의 행복한 성취

이러한 큰 그림 아래 구체적인 방안이 세워졌고, 반드시 지키겠다는 각오 아래 실천이 시작되었다. 그리하여 각 항목은 예정대로, 혹은 그 이상으로 성과를 거두었다.

적어도 나 스스로는 만족스럽게 평가한다.

현재 나는 예정표에 없던 80세를 넘기며 건강하게 살고 있다. 따라서 종래 세웠던 계획에서 벗어나 있는 실정이다. 사회 정세가 크게 변했고, 나 자신의 환경도 바뀌었다. 그런 까닭에 기존의 계획을 여러 차례 손질해 새로운 인생계획을 만들게 되었다. 이것(2차 인생계획)과 구분하기 위해 처음에 세운 계획을 편의상 '1차 인생계획'이라 지칭할 것이다.

1차 인생계획을 실행하다 보니 때때로 사소한 혼동과 지나친 태만에 직면하기도 했다. 그리하여 모처럼 마련한 계획에 차질이 생긴 적도 있었다. 그러나 중도에 엎어지거나 나가떨어지지는 않았다. 그리하여 70세가 넘어 4기 주경야독 단계에 이르게 되었다. 어떤 것은 예상 이상으로, 또 어떤 것은 다소 아쉬움을 남기기도 했지만 말이다.

앞으로 어느 정도는 더 살 수 있을 듯하니, 이제 80대, 90대의 추가계획을 세워야 하는 상황이 되었다. 1차 인생계획은 어쨌든 나름대로 잘 실행되었다고 자평한다.

"

돈을 무시하는 자는

돈을 중시하는 사회에서 무시당한다.

그것이 어김없는 현실이다.

돈을 바보취급하는 자는

돈에게 바보취급당한다.

그것이 어김없는 세태이다.

"

이상은 또 다른 이상을 낳는다

목표 달성의 비애

　내가 세운 최초의 인생계획은 다행히 그런 대로 만족
스러운 결실을 맺었다. 아울러 1942년에 산자수명한 온
천지역으로 이사해 주경야독의 일상을 누리게 되었다.

　그러나 인생계획의 최종단계에 이르러 감사와 만족을
표해야 하는 나날임에도 불구하고, 가끔씩 뭔가 미진하
다는 느낌이 들곤 했다. 도대체 무엇이 불만족스러웠던
것일까? 일부러 마음에 담아두지 않는 한 금세 잊혀질
만큼 희미했지만, 뭔가 깊게 생각하도록 만들었다.

누군가 "이상은 결국 이상일 뿐 결코 실현할 수 있는 것이 아니다. 즉, 실현하면 이상도 현실이다. 따라서 그 현실 위에 더욱 새로운 이상을 구축하지 않으면 안 된다"고 말했다. 그렇게 생각하면 이상에는 결코 종점이 없다. 젊은 시절에 품었던 이상이 어느덧 실현됨에 따라, 목적이 달성된 현실 위에서 또 다른 이상이 생겨난다. 인간의 본성으로 말미암아 현실에 만족하기가 어려운 것이다. 이른바 승리의 비애라고나 할까?

25세에 세운 인생계획을 50년 동안의 치열한 노력으로 현실화시키고 70줄에 접어든 나에게, 놀라움과도 흡사한 일말의 슬픔을 느끼게 만든 게 과연 그런 감정이었던 것일까?

나는 뭔가가 부족한 듯한 느낌을 묻어둔 채, 한동안 그 본질을 따져보려 하지 않았다. 불평불만을 품을 만한 생활이 아니었고, 오랜 숙원이 이루어신 끝에 가능한 일상이었기 때문이다. 다만 내 나이가 많아져 느끼는 비애가 아닐까 생각했다. 하지만 그러는 동안 형태가 선명해지며 여러 가지 의문이 생겨났다. 그건 나의 과거와 당시 내 삶에 대한 문제였다. 의문은 또 다른 의문을 낳았고,

마치 나뭇가지가 뻗어나가듯 복잡해졌다.

삶에 주어진 임무는 끝이 없다

　내가 처음으로 갖게 된 의문은, 나와 비슷한 생활을 영위하는 사람이라면 누구나 겪을 법한 것이었다. 자급자족하며 생활하고 있지만, 혼자만 안락하게 살아가는 게 과연 옳은가 하는 문제였다.

　나의 노후생활은 그야말로 완전한 자급자족이 가능했다. 누구에게도 손을 내밀 필요가 없었으며, 주변과 사회에 폐를 끼칠 일이 없었다. 따라서 이런 상황에 도달하도록 노력하라고 주변 사람들에게 권하고 싶을 정도였다. 그러나 과연 주변을 번거롭게 하지 않는 정도로 만족해도 괜찮은 것일까? 물론 그것이 부끄러운 일은 아니다. 그러나 사회 진보에 공헌하려는 적극적인 의욕이 조금도 담겨 있지 않은 것은 분명했다.

　일찍이 1차 인생계획을 세웠을 때는, 70세까지 치열하게 노력하고 그 뒤로는 원하는 대로 안락한 생활을 영위하면 된다고 생각했다. 하지만 70세를 넘기고 나니, 단지 노인이 되었다는 이유로 세상사를 외면한 채 혼자만 안락하게 생활하는 게 온당치 않다고 여겨졌다. 70세가 되면 더는 치열하게 살지 않아도 된다고 생각했던 게 너무 이른 결정은 아니었을까 하는 생각도 들었다.

인간에게는 '삶의 임무가 끝났다'는 말이 성립되지 않는다. 인생의 수많은 선배들이 내일 숨을 거둘지라도 오늘은 변함없이 자신의 길을 걸어갔다. 노력하고 또 노력하며 자신에게 주어진 길을 추구했고, 혹시라도 부족한 부분이 있을까봐 염려했다.

이치가 그러하거늘, 나는 생각이 미숙하여 70세가 되면 인생의 임무가 어느 정도 일단락된다고 여겼던 것이다. 경솔하기 그지없는 사고였고, 인생에 대한 모독이 아닐 수 없었다.

모든 것은 진보를 위한 과정

인생은 숨이 붙어 있는 한 마지막까지 진보를 위한 과

정이어야 한다. 자신이 속한 사회에 봉사하기 위해 노력해야 한다. 노인이라는 핑계를 대며 안온하고 태평한 일상을 보내려 하는가? 그것은 곧 인생의 퇴보를 의미한다.

물론 나이가 들어 도저히 아무 일도 할 수 없을 정도로 쇠약하다면 이야기가 다르다. 어쩔 수 없는 상황인 것이다. 그러나 나의 경우, 아무리 생각해도 그런 핑계는 대기가 어려웠다. 일반적인 노인과 비교가 안 될 정도로 건강했기 때문이다.

당시 나는 80세가 가까웠지만, 정신이나 몸에 전혀 이상이 없었다. 60세 전후라고 해도 믿을 정도였다. 혹시나 해서 도쿄대 의학부에서 건강검진을 받았는데, 어떤 질병이나 이상도 발견되지 않았다.

그런 내가 노인이라는 이름 뒤에 숨어서 안락하고 게으른 생활을 즐긴다는 게 과연 온당한가, 지난날 '인생은 곧 노력, 노력은 곧 행복'이라는 인생관을 깨닫고 그러한 확신을 주변에 가르쳐오지 않았던가, 이건 아무래도 지금의 나와는 너무 모순되지 않는가, 하는 생각이 꼬리에 꼬리를 물었다.

나는 생활을 돌아보면서 그러한 의문들에 대한 답을

찾아나갔다. 그러다가 이미 시효성이 종료된 1차 인생계획을 대신할 새로운 계획이 필요함을 깨닫게 되었다.

1차 인생계획에 대한 반성

두 번째로 생겨난 의문은 과거 내가 세운 인생계획에 대한 것이었다.

앞에서의 의문은 현재의 내 생활과 관련된 것이었지만, 생각하다 보니 과거로 거슬러 올라가 지금까지 실행해온 나의 인생계획에 대한 반성으로 이어졌다.

1차 인생계획이 혹시 잘못된 것은 아니었을까? 그것은 문명이 막 개화하기 시작한 자유자본주의 시대에 세워진 계획이었다. 그 점을 감안하면 다분히 시대에 뒤떨어진, 낡은 계획은 아니었을까? 이는 첫 번째 의문보다 훨씬 근본적인 것이었다. 이런 의문이 틀리지 않다면, 나는 순식간에 인생의 버팀목을 상실하는 셈이 되었다.

그러나 그러한 의문에 대답할 정도의 자신감은 어느 정도 갖고 있었다. 나의 인생계획을 실행하면서 경험했던 것들이 전반적으로 무의미하거나 무력한 것은 아니었다.

분명 1차 인생계획을 세울 당시와 비교하면 시대가 몰라볼 정도로 바뀌었다. 문화가 풍요로워졌고, 놀랄 만한 과학적 발전이 있었다. 그러나 과연 정신적으로 얼마나 진보를 이루었을까? 그 점에 대해서는 선뜻 답을 내리기가 어려웠다.

사회는 전체적으로 끊임없이 동요했다. 어떤 때는 좌파가 세력을 떨쳤고, 어떤 때는 우파가 맹렬하게 활동했다. 오른쪽으로 갔다가 왼쪽으로 갔다가, 마침내는 회오리바람처럼 파시즘이 일본 전체를 지배하기에 이르렀다. 태평양전쟁에서 패해 파시즘이 해체되자, 이른바 민주주의의 거센 파도가 나라 구석구석까지 퍼져나갔다. 그 귀추가 어떻게 될지는 누구도 단정하기 어려운 상황이었다.

시대의 진보에 대한 고찰

새로운 민주주의 또한 역사의 반복에 지나지 않는다. 이는 메이지 유신 시기의 일본과 다를 바가 없었다. 대소동이 일어나고 온갖 싸움이 벌어져도 결국은 같은 자리에 멈춰 있는 것이나 마찬가지다. 50~60년이라는 시간이 경과했어도 민주주의는 그저 민주주의라는 점에서 변화가 없다. 따라서 내가 과거에 세웠던 인생계획 또한 핵심은 훌륭하게 설정된 것이고, 그런 점에서 여전히 오늘날에도 도움이 된다고 생각했다.

그러나 패전 후 부흥의 길을 찾아나선 일본의 입장은 과거 약진하던 시절과는 대단히 달라져 있었다. 따라서 새로운 세상을 맞이한 젊은이들에게 나의 인생계획을 권하려 한다면, 새로운 시대에 걸맞게 1차 인생계획을 분해하고 재조립해야 했다. 새로운 시대와 과학적 지식에 근거하여 근본적으로 새로운 인생계획을 만들어야 했다. 머릿속에 떠오른 의문들에 대해 자문자답을 거듭한 끝에 나는 이러한 결론에 도달하게 되었다.

평균수명의 변화에 따른 수정

2차 인생계획을 고민하게 된 또 하나의 중요한 원인으

로 평균수명의 변화를 꼽지 않을 수 없었다.

내가 젊었을 때만 해도 70세가 넘을 때까지 살아남기란 쉽지 않았다. 혹시라도 70세 이상까지 생존한다면 이렇게 살아가고 싶다는 희망적인 관측을 보태 설정한 것이 1차 인생계획의 네 번째 항목이었다.

그러나 살다보니 나는 70을 넘어 이미 80에 다다르고 있었다. 그렇다면 앞으로 20년이나 30년을 더 살게 될지도 모른다는 생각이 들었다. 사람의 욕심은 끝이 없는지라 장수에 대한 욕망이 생겨난 것이다. 간절히 원하면 그렇게 살 수 있다는 자신감, 반드시 살아야 한다는 각오와 함께, 살기 위해 노력하면 희망하는 바에 한발 다가서게 마련이다. 그것이 최상의 건강법이기도 하다.

그리하여 나는 적어도 향후 20년 이상, 바라건대는 120살에 이르는 기간의 새로운 인생계획을 세워야 했다. 이는 젊었을 때만 해도 전혀 예상치 못했던 상황으로, 대사건이라 할 만한 일이었다.

잘해야 70평생을 살 수 있다는 가정 하에 만든 1차 인생계획과 120년을 산다는 가정 하에 만든 2차 인생계획 사이에는 자연히 큰 차이가 존재할 수밖에 없었다. 적어도 1차 인생계획에 없던 80, 90에 맞춘 새로운 계획을 추가해야 했다.

인생계획을 세우면서 나이를 추가하다니, 젊은 독자들에겐 좀 엉뚱하게 들릴 수도 있겠다. 하지만 달리 생각해 보면 오늘날의 장년층에게도 유효한 조언일 수 있다. 어쨌든 나로서는 원래의 출발점으로 돌아가 여러 가지를 숙고해야 했다.

2차 인생계획의 필요성

여러 의문과 반성을 토대로 마침내 2차 인생계획이 만들어졌다. 어느덧 쇠약해졌다가 고갈될 것처럼 보였던 1차 인생계획의 일상에서 새로운 인생의 샘물이 콸콸 흘러나오는 듯했다.

나의 오랜 경험과 성과에 따르면, 인간은 순조로운 상황일 때 계획을 세우기가 쉽다. 하지만 역경에 처할 경우 한층 치열하게 계획을 세울 수 있다. 그럴 때일수록 그것을 실현할 수 있게 도와주는 용기가 샘솟는다.

오늘날처럼 낯선 고난의 시대에 자신에게 적합한 인생계획을 세우는 일은 결코 한 개인을 위한 것이 아니다. 후손을 위해, 친구를 위해, 더욱 크게는 국가와 사회를 위해서라고 생각한다.

그렇다면 새로운 인생계획은 어떻게 세워야 할까? 우선 과학적 인생관을 토대로 국가 정세와 미래의 추이를 고찰하며 실현 가능성이 높은 쪽을 추구해야 할 것이다.

그러기 위해 부족하나마 내가 세웠던 2차 인생계획에 대해 이야기해보고자 한다.

"

쉽사리 성공을 거두려는 자는

쉽사리 실패하는 자이다.

참된 성공에는 속성과정이 없다.

샛길도 없다.

안달하거나 게으름 피우지 말고,

머나먼 길을 참고 또 참으며 나아가야 한다.

"

2차 인생계획

목표의 설정

하루계획을 세우든 1년계획을 세우든 그 기간에 달성해야 할 일을 예상해봐야 한다. 이는 평생의 인생계획도 마찬가지다. 게다가 인생은 누구에게나 오직 한 번만 주어지지 않던가? 따라서 계획을 세울 때는 신중해야 한다.

하지만 청소년기까지는 혼자 힘으로 인생계획을 짜기가 어렵다. 아직 자신의 성격도 정확히 모르고 변화되는 시대상황을 전망하기도 어려워 홀로서기가 불가능하기 때문이다. 따라서 20세 미만은 계획 수립의 준비기간으로 삼는 것이 바람직하다. 부모님이나 선배의 의견에 따라 대략적인 지침 정도만 세울 수밖에 없다.

인간에게 청소년기는 매우 중요하다. 학교라는 교육기관을 통해 수많은 친구와 선후배를 만나고, 절차탁마의 기회를 누리게 된다. 이는 인생이라는 기나긴 항해에서 매우 중요한 시간이 아닐 수 없다. 이때 몸과 마음을 단련하고 인간으로서의 기본기를 쌓아나가야 한다.

청소년기에서 근로기에 접어들면 자신의 직업을 결정해야 한다. 이때 인생계획이 구체적으로 수립되어야 한다. 이 무렵에는 누구나 꿈이 많고, 자칫 자신의 능력을 과대평가하기 쉽다. 따라서 연장자와 상담을 거칠 필요가 있다. 조언을 구할 적당한 연장자가 없을 경우, 독서나 그 밖의 방법을 이용해 방향을 찾아야 한다. 그렇게 하여 인생계획의 세부적인 부분에 들어섰다면 자신의 성격이나 체질, 가정이나 환경을 염두에 두어야 한다. 또한 직면한 시대상황에 입각해 평생 동안 달성해야 할 최상의 목표를 정하는 것이 중요하다.

목표가 지나치게 높이 설정될 경우 자칫 탁상공론에 그칠 우려가 있다. 너무 낮은 목표 또한 바람직하지 않다. 달성 가능하다고 예상되는 목표에, 높고 큰 이상이 어느 정도 가미되는 선이 적당하다. 앞에서 말한 것처럼, 계획은 진보와 노력을 의미한다. 따라서 목표에는 우리의 변함없는 노력이 전제되어야 하고, 진보적 발전을 위한 계획이 포함되어야 한다.

목표를 달성하기 위한 지름길

목표가 수립되면 출발점부터 목표 사이를 일직선으로 긋는다. 이것은 달성 단계까지의 최단 코스, 즉 이상적인 직선행로이다. 그러나 계획을 실천에 옮기다보면 결코 직선으로만 갈 수는 없다. 굴곡이 있고, 파란이 있으며, 전인미답의 가시밭길이 나타나기도 한다. 목표를 향해 목숨을 걸고 그 어떤 어려움과도 맞서는 것이 우리에게 주어진 인생 본연의 모습이다.

목표에 대해 직선을 그었다면, 이제는 각각의 단계를 나이별로 구분한다. 이에 대해서는 나중에 언급할 다양한 요소가 중심을 이루어야 한다. 이렇게 해서 우선 전생애를 크게 나눈 뒤, 그 전체를 구성요소별로 세분하고 각 요소의 가치와 순서를 판단한 뒤 이를 종합한다. 그리 하여 가장 적당하고 유리한 시기를 고려해 나이별로 배 열해나간다. 그러나 나이라는 문제는 당사자의 건강상 태, 성격, 경제상황, 시대상황 등과 결부되어 있으므로 변수가 다양하다. 이러한 점들을 고려하며 일반적인 나 이구분을 기초로 새로운 인생계획을 세워보자.

나의 새로운 인생계획

시기	나이	기간	목표	방법
1. 연마기 소년기 청년기	**6–20세** 6–15세 16–20세	**15년** 10년 5년	인간답게 일하기 위한 준비	공부에 집중, 가치관 확립, 내핍생활 훈련
2. 근로기 소장기 중장기 대장기	**21–65세** 21–35세 36–50세 51–65세	**45년** 15년 15년 15년	나와 나라를 위하여 일하며 명예와 부를 축적한다.	절약 및 저축, 직업의 도락화, 사회적 성공
3. 봉사기 초로기 (봉사와 감사의 시간)	**66–85세**	**20년**	명예나 이익을 초월해 세상과 타인을 위해 일한다.	공적 기관의 명예직, 공무직, 인생상담
4. 낙로기 중로기 대로기	**86–120세 이상** 86–105세 106–120세 이상	**35년 이상** 20년 15년 이상	일과 배움을 병행한다. 노력을 취미로 여기며 만년을 즐긴다.	주경야독, 진로지도, 인생상담. 여행

인생의 시기에 따른 구분

 인생의 과정은 크게 연마기, 근로기, 봉사기, 낙로기樂老期(나이듦을 즐기는 시기)의 네 시기로 나눌 수 있다. 이를 다시 8개 시기로 세분하고, 각각의 목표 및 방법을 정한다.

 만 6세부터 20세까지의 15년은 심신의 연마기로, 오로지 신체와 지능의 건전한 성장에 힘써야 한다. 그리고 만 21세에서 65세까지의 45년은 나와 나라를 위해 열심히 일해야 한다. 즉, 국가와 사회에 부합하는 직무의 방향을 정하고, 자신의 적성에 맞는 노동에 종사하면서 노후를 준비한다.

 만 66세부터 85세까지의 20년은 은혜를 갚고 봉사하는 시기이다. 보수나 명예 등을 초월해, 오로지 그동안의 경험과 날로 진보하는 과학지식을 활용해 사회와 국가를 위해 최선을 다한다. 86세 이후에는 일과 학습을 병행하는 주경야독의 단순한 생활을 즐기는 한편, 진로지도나 인생상담 등을 통해 후배들을 돕는다.

 연령별로 구분한 계획은 나 같은 보통사람을 기준으로 삼은 것이다. 천재들의 경우 몇 년, 경우에 따라서는 십

년 넘게 활동을 압축할 수 있을 것이다.

내가 제시한 인생계획의 틀은 만인에게 통하는 일반적인 내용이므로, 각자의 능력 및 상황에 맞게 조정해야한다. 선천적으로 허약한 사람이 80~90세까지의 활동을 예정하기는 무리일 것이다. 하물며 백세시대란 단지그런 소망을 지녔다는 정도의 의미로 받아들여야 한다.

또한 처음부터 낙로기에 이르기까지의 과정을 상세히예정하기는 어렵다. 나는 최초의 안(1차 인생계획)에서 60세까지 열심히 일하고, 60세가 넘으면 10년 동안 보은·봉사, 그 뒤로는 주경야독으로 정해놓았다. 하지만 60세가 되니 향후 20년 정도의 시간에 대해 좀 더 세부적인계획표가 필요하다는 생각이 들었다. 그래서 80세까지의 계획을 세웠다. 그러다가 80세가 가까워지자, 그 뒤의시간에 대한 계획이 구체적으로 필요해졌다.

따라서 80세 정도까지 상세한 인생계획을 세우되, 80세가 가까워지면 20년 뒤인 100세까지의 계획을 다시고민하는 것이 좋을 듯하다. 그렇게 10년이나 20년 단위로 차근차근 인생을 설계하면 된다.

이런 과정을 통해 나의 2차 인생계획이 만들어졌고,

그 계획에 따라 나는 지금도 활기차게 생활하고 있다.

진인사대천명盡人事待天命

인생의 유소년기에는 과학적 이치를 제대로 알기가 어렵다. 따라서 지도해주는 어른들의 말을 거의 맹목적으로 따를 수밖에 없다. 청년기가 되면 유소년기의 맹신에서 벗어나 과학적 인식이 점차 가능해진다. 그리고 장년기가 되면 맹신에서 완전히 벗어나 오로지 과학적 지식에 근거해 생활하게 된다.

그러다 노년기에 들어서면 지식적인 차원을 뛰어넘어 과학적 영감에 도달한다. 이는 청장년 시기의 과학적 원리와 오랫동안 쌓아온 경험을 바탕으로 한, 이른바 '감'의 세계이다. 노인이 되면 이러한 과학적 영감으로 만년을 생활하며, 인생의 후배들을 지도한다. 이것이 노인의 전형적인 특징으로, 세상에서는 이를 '노인의 덕'이라고 일컫는다.

인생에서 경험만큼 중요한 것은 없을 것이다. 경험은

모든 지식, 학문, 연구를 뛰어넘는 인생의 결과물이다. 살아있는 지식, 살아있는 학문, 그것이 곧 경험이다. 노인에게 자랑할 것이 있다면 오랜 세월 다양하게 축적된 경험의 풍부함 아닐까? 그리고 그들이 보여줄 수 있는 가장 훌륭한 삶은 그 경험을 자기 자신은 물론, 그것을 지니지 못한 후배들을 위해 활용하는 것이다.

인생의 시기별로 정리한 나의 2차 인생계획은 다양한 사람들의 기본적인 특징을 기준으로 삼았다. 1차 인생계획을 달성한 후 다시 출발점으로 돌아가 절반 정도는 나스스로 실행하기 위해, 절반 정도는 다른 사람들을 설득하고 권유하기 위해 만든 것이다. 그리하여 나는 봉사기를 연장하며 살아가다 낙로기에 접어드는 중이다.

낙로기가 나에게 얼마나 이어질까? 이는 온전히 하늘의 뜻에 달려 있을 것이다. 나는 그저 감사와 희망의 마음으로 하루하루를 보내고 있다.

"

아무리 보잘것없는 사람일지라도

한 가지 목표에 집중하면

반드시 길이 열린다.

반면, 아무리 뛰어난 사람일지라도

여러 목표에 힘을 분산하면

그 중 한 가지도 이루기 어렵다.

"

2

인생계획의 수립 및 실천

구체적인 인생계획과 실천

인생계획과 생활환경

건축을 설계할 때는 지리·지형 및 특수한 사정을 충분히 고려해야 한다. 그와 마찬가지로 인생계획을 세울 때는 각자의 능력과 생활환경, 시대의 변화 등을 염두에 두어야 한다.

아무리 훌륭한 인생계획일지라도 실현이 불가능하면 세우지 않는 것과 마찬가지다. 사상누각이거나 그림의 떡에 불과한 것이다. 인생계획의 절대적 요건이 실현 가능성이다. 현실적인 주의를 기울임과 동시에 원대한 이상을 잊지 않아야 하며, 자신의 능력에 맞는 것이어야 한다.

인생계획을 세우려는 사람들에게 꼭 필요한 5가지 요소는 다음과 같다.

1_ 올바르고 과학적인 인생관을 지녀야 한다.

2_ 늘 희망적인 생각을 해야 한다.

3_ 가급적 원대한 계획을 세운다. 차분한 상태에서 자신이 어디에 서 있는지 냉철하게 파악하며, 현재의 실력 및 상황에 따라 한 걸음씩 착실하게 올라가야 한다.

4_ 초조해하거나 게으름을 부려서는 안 되며, 날마다 새로운 노력을 기울인다. 졸속, 요행, 임시모면, 투기 등의 못난 가치가 끼어들지 못하게 한다.

5_ 인간은 누구나 '시대의 아들'임을 명심하며, 자신의 계획이 과학적 진보 및 사회발전의 궤와 같이할 수 있도록 최선을 다한다.

우리는 능력과 경험, 건강과 주변상황 등을 고려해 자신에게 적합한 인생계획을 세워야 한다.

20년을 1기로 삼아 구획하기

반복해서 하는 말이지만, 인생계획은 어디까지나 보편적인 방침을 결정하는 것이다. 이른바 인생이라는 건축의 청사진을 설계하는 것과 같다. 자신의 이상을 실현하기 위해 큰 틀의 얼개를 만드는 것으로, 크고 작은 자재들까지 전부 확보하라는 이야기는 아니다. 따라서 인생계획을 세웠다면, 거기서 한 걸음 나아가 살을 붙이는 작업이 필요하다. 즉, 목표에 따라 각 단계의 실천계획을 세워야 한다.

앞서의 계획이 이상적·총괄적이었던 것에 비해, 이것은 현실적·분석적이다. 아울러 늘 실천과 연결되며, 자신의 능력과 성격에 합치되고, 사회환경에 적합한 구체적인 계획이어야 의미를 갖는다. 따라서 일정한 시기의 계획이 세부적으로 마련되어야 한다.

이를 풀어내기 위해서는 시간 혹은 연령에 따른 구분이 가장 좋은 방안이라 생각된다. 향후의 시간을 10년이나 20년 단위로 나누고, 그것을 1기로 간주하는 것이다. 나는 경험칙상 20년을 1기로 보았다. 이를 다시 10년 단위로 나누어 생각하되, 20년을 4등분하여 첫 5년에 대한 구체적인 계획을 세웠다. 즉, 20년의 4분의 3은 대략적인 계획을, 바로 눈앞의 5년은 상세한 실행계획을 세우는 것이다. 이 5년을 1년 단위로 세분할 경우 구체적인 사항들이 자연스럽게 짜여진다. 1년의 계획은 연초를 기준으로 세우는 게 보통이므로 탁상달력이나 다이어리의 맨앞에 써놓을 수 있다.

간단하지 않은가? 앞으로의 20년을 설정해 10년씩 나누고, 그걸 다시 5년으로 나눈다. 그리고 1년씩 잘게 나누어 세부적인 계획을 세운다. 이렇게 접근하면 인생계획을 세우는 일이 결코 어렵지 않을 것이다. 일기장 한 귀퉁이나 가방 속 수첩의 여백에 내용을 정리하면 된다.

나는 이 부분을 다음과 같이 실천했다. 계획을 세우면서 각 계획의 중요성 및 논리적 연계성을 생각한다. 계절의 변화에 따른 능률적 한계 등을 참고사항으로 적고, 월별로 내용을 나누어 정리했다. 그런 다음 월별 실행안에 일별 예정이 안배되도록 했다. 그렇게 하면 결국 실천하는 일만 남게 된다.

일별로 분배된 업무의 강도는 각자의 능력이나 건강에

따라 결정하되, 자신의 역량보다 약간 높게 설정하는 것이 바람직하다고 보았다. 아울러 그것은 탄력성이 있으므로, 실현 가능성을 벗어나지 않도록 해야 한다.

평범한 사람도 비범해질 수 있다

이처럼 여러 가지 조건을 염두에 두고 분류해나가는 작업은 다소 번잡스러워 보일 수 있다. 하지만 목적한 바를 반드시 이루겠다고 결심하면 어느새 아무것도 아니게 된다.

'1일-1개월-1년-5년-10년-20년-그 이상' 등으로 체계가 잡히면 궤도를 달리는 기차와 마찬가지 상황이 된다. 열정과 노력이라는 원동력만 있으면 그 길을 벗어날 염려가 없다. 아울러 그 열차가 어떤 방식으로 나아가는지 훤히 알 수 있다. 그리고 하루하루 예정된 사항을 실천해나감으로써 반드시 목적지에 도달할 수 있다는 믿음을 갖게 된다. 그렇게 되면 일상생활에서 더할 나위 없는 보람과 여유로움이 생겨난다.

물론 처음에는 의식적인 노력이 필요하다. 그러나 날마다 주어진 과제를 수행하다 보면 자신감이 커지고 새로운 방법도 모색하게 되어 과정 자체를 즐기게 된다.

하루하루의 작은 성과가 5년에서 10년 이상 축적되면, 각자의 재능과 노력이 계획을 완전한 방향으로 이끌어준다. 위인들이 이룬 대업이라는 것도 대개의 경우 소박한 한 걸음이 모여 이루어진 성과물이다. 세계적으로 엄청난 부를 일군 기업가들도 치밀한 계획을 세우고 실천함으로써 마침내 원하던 결과를 성취해냈다.

"

원래 가난이란

자신이 원하는 것을 가지지 못함을 뜻한다.

따라서 가난한 상태일지라도, 자신의 처지에

만족할 줄 알고 역량을 제대로 알아 무리하지 않으며

덧없는 것들에 욕심을 내지 않는다면

부유한 사람과 다를 바가 없다.

"

인생계획 실현을 위한 바람직한 태도

처세 9훈

계획이 잘 짜여졌더라도 실천이 따르지 않으면 아무런 가치가 없다. 인생계획은 인생의 청사진에 지나지 않는다. 실천에 옮겨야만 가치가 생겨난다.

아무리 작고 사소한 일이라도, 그것들을 완벽하게 수행해나감으로써 자신감을 얻게 된다. 나아가 큰일을 할 수 있는 기초가 단단해진다. 따라서 우리는 인생계획의 최소구획인 하루하루의 실천을 게을리해서는 안 된다. 그리고 생활과 직업, 사회성 측면에서 끊임없이 발전적인 방향으로 나아가야 한다.

그렇다면 계속 전진하기 위해 우리는 어떤 태도를 취해야 할까? 나는 다음의 9가지 규칙을 이야기하고 싶다.

1. 항상 쾌활한 마음을 지닌다.

이는 건강의 기본적인 요소이기도 하다. 사람은 마음가짐 하나로 인생이 환해지기도 어두워지기도, 유쾌해지기도 슬퍼지기도 한다.

슬픔이나 기쁨은 주관적인 느낌이며 결코 절대적인 것이 아니다. 어떤 불행에 처하더라도 더 심각한 경우를 상상하면 그나마 다행이라는 생각이 들 것이다. 세상을 우울하게 바라보면 사방이 적막강산처럼 느껴지지만, 즐거운 마음으로 쳐다보면 어디나 환상의 낙원이 될 수 있다.

얼굴은 마음의 거울이다. 기뻐하고 감사하는 마음이 있으면 자연히 미소짓는 얼굴이 된다. 그것이 복을 부르는 얼굴이다. 부처님이 말하는 '화안애어和顏愛語(평화로운 얼굴과 사랑스러운 말)'는 바깥에서 만들어지는 것이 아니라 안에서 솟아나는 것이다. 청소년(물론 장년이나 노년도 마찬가지지만)들이 늘 밝은 얼굴, 밝은 태도를 취한다면 주변의 사랑을 받고 마침내 큰 성공으로 가는 기반이 마련될 것이다.

나는 앉으나 서나 항상 유쾌하게 살아가려고 노력한다. 매일 아침 눈을 뜨면 오늘도 살아있음에 감사하며, 정신없이 바쁜 일정이 계속되면 일을 많이 할 수 있음에 기뻐한다. 또한 날마다 건강하고 유쾌하게 일할 수 있는 나 자신에게 고마워하며 지낸다. 혹시 병에라도 걸리면 오랜만에 휴식을 취할 수 있음에 감사하며, 회복한 후의 활동에 대한 계획 등을 가다듬곤 한다. 이처럼 괴롭거나 어두운 생각 대신 즐겁고 유쾌한 마음을 지닐 수 있다면, 누구든지 밝고 재미있게 지낼 수 있을 것이다.

이때 주의해야 할 점이 한 가지 있다. 지나친 걱정, 쓸데없는 고집, 결과에 대한 푸념, 귀찮다는 생각 등은 쾌활한 마음을 유지하는 데 전혀 도움이 되지 않는다. 어떤 일이든 천진난만한 자세를 유지하며, 허세를 부리거나 뽐내려 해서는 안 된다. 아울러 잘 모르거나 헷갈리는 부분은 솔직하게 물어보는 것이 좋다. 이것이 발전하는 사람의 기본적인 자세이다. 그러면 마음가짐이 늘 편안한 상태가 되므로, 무슨 일이든 척척 해낼 수 있게 된다. 쾌활한 마음이 쾌활한 사람으로 만들어주는 것이다.

2. 맡은 일에 정성을 다한다.

이는 사회, 경제, 생활면에서의 성공을 이루게 하는 요소이다. 우리는 직업을 선택할 때 자신의 체질과 성격을 감안하고, 스승이나 선배들의 의견을 염두에 두어야 한다. 신중하게 의사결정했다면 미혹된 마음을 버리고 그 일에 매진해야 한다. 혹시 자신의 성격이나 재능과 맞지 않는다고 여겨질지도 모른다. 하지만 최선을 다하다 보면 그 일에 점점 능숙해지고 재미가 느껴지기도 할 것이다.

사람들이 성공하고 못하고를 조사해보면, 대체로 노력의 차이는 크지 않다고 한다. 성공하지 못하는 사람의 경우, 결정적인 순간에 가장 중요한 몰입이 부족하다는 것이다. 이를 등산에 비유하면, 8부 능선이나 9부 능선에서 숨이 가빠지고 뒤로 빠지려는 마음이 생겨나, 결국 정상에 오르기를 포기하거나 다른 코스로 방향을 돌리는 것과 같다.

아무리 유능한 인재라도 맡은 일에 전념하지 못하고

밖으로 눈을 돌리거나 중도에 포기하면, 정열이 분산되고 자연스레 힘이 허비된다. 그럴 경우 한 가지 일조차 성공하기가 어려워진다. 이와 달리 능력이 조금 부족할지라도 온힘을 다해 집중하면 반드시 기대한 만큼 또는 그 이상의 성과를 거둘 수 있다.

청소년 시절부터 어떤 일을 시작해 중장년 시기까지 전념할 경우 어떻게 그 일에 익숙해지지 않겠는가? 아마도 그 일에 빠져들어 어느 순간 도락의 경지에 이를 것이다. 이런 단계가 되면 자연스레 본업 외의 것에도 손을 뻗쳐 자신의 세계를 확대할 기회가 생겨난다.

그러나 이것은 어디까지나 본업을 제대로 달성한 후에야 가능하다. 또한 본업에 익숙해져 여력이 생기더라도 본업과 관련된 일에 한정할 필요가 있다. 관심사를 지나치게 확대하다보면, 이른바 죽도 밥도 안 되는 어정쩡한 상황에 처할 수 있다.

인간의 능력에는 한계가 있게 마련이다. 그런데 명예나 수입을 목적으로 여러 가지 일에 손을 내밀다보면 책임을 다하지 못할 수 있으며, 어느 것 하나 제대로 성공하기가 어렵다. 따라서 노력만이 능사는 아니다. 한 가지 일에 전념할 필요가 있음을 늘 기억해야 한다.

어떤 일에 전심전력하기 위해서는 가장 먼저 시간을 엄수해야 한다. 예를 들어, 정해진 시간 내에 반드시 출근해야 한다. 만약 9시에 업무가 시작된다면 10분 내지 15분 먼저 도착해 그날의 업무를 파악해야 한다. 반대로 퇴근할 때는 10분 내지 15분 늦게 일어선다. 하루를 정리하고 다음날 필요한 것 등을 미리 체크하기 위해서이다. 아주 사소한 일일지라도 업무에 지장이 없도록 바로잡는 것이 좋다.

정시에 출근하지 않아도 업무만 제대로 처리하면 된다거나, 오늘 해야 할 일이 끝났으니 빨리 퇴근한다거나, 시간이 남는다면서 빈둥거리는 태도는 바람직하지 않다. 그런 행동은 제대로 규율이 잡히지 않은 사람임을 드러내는 것이다. 그렇게 해서는 자신의 직업을 결코 도락 수준으로 승화시키지 못한다.

맡은 일을 제때 처리하는 습관이야말로 업무를 즐기며 지배하고 직업을 자신의 것으로 삼는 지름길이다. 이는 일에 쫓기거나 치이는 사람과 큰 차이를 만들어낸다.

3. 공은 주변에 양보하고 책임은 내가 진다.

이는 조직의 '장長'에 해당하는 사람들이 꼭 갖춰야 할 마음가짐이다. 누구나 어느 정도는 스스로에 대한 자부심이 있게 마련이다. 평범한 사람도 소장시기(30~35세 무렵)에는 자신의 능력을 과신하여 선배를 얕잡아보거나 동료들보다 인정받으려는 경향이 있다.

그런데 그럴 경우 자칫 무리수를 두기 쉽다. 당연히 선배들은 접촉을 꺼리게 되고, 동료들에게는 미움을 받는다. 그러다가 자신도 모르는 사이 불리한 상황에 놓이고 만다. 이는 실로 자신의 행동에 화근을 심는 것과 같다. 어느 정도의 자부심은 필요하지만, 정도가 과할 경우 오히려 자신을 향하는 화살이 되기 쉽다.

직장에서 어떤 공을 세웠다고 하자. 하지만 생각해보면 결코 혼자 힘으로 한 일이 아닐 것이다. 선배들의 지도 덕분일 수 있고, 동료의 협조로 가능했을 수도 있다. 특히 어떤 부서나 과의 구성원들이 협력해 공을 세웠는데, 부장 혹은 과장이 그 업적을 독점하려 해서는 안 된다. 설령 혼자서 노력해 성과를 냈을지라도, 가급적 공은 주변에 양보하고 책임은 떠맡는 태도를 취해야 한다.

일본 속담에 '툇마루 밑의 장사'라는 표현이 있다. 이는 일에서 동료를 우선시하고 자신은 태도를 낮추면서 고생을 도맡아 하는 사람을 일컫는다. 이런 마음가짐으로 일한다면 자연스럽게 동료들의 인정과 선배들의 존중을 받게 될 것이다. 그리고 누구나 함께 일하고 싶어하는 매력적인 인물로 자리매김할 것이다. 그러다보면 자신도 모르는 사이에 직급이 올라가고, 주변의 좋은 평가를 받게 된다.

　이처럼 '툇마루 밑의 장사' 역할을 하며 성과를 다른 사람에게 양보하는 행동은 마치 근로효과를 저축하는 것과 같다. 어느 날엔가 반드시 원금뿐만 아니라 이자까지 붙어 돌아오게 마련이다. 직접적인 형태가 아니더라도, 전혀 다른 방향에서 생각지도 못한 시기에 느닷없이 돌아온다. 따라서 이런 근로저축이 많은 사람일수록 성공 가능성이 높고 출세가 빠른 법이다. 성과를 내려는 마음으로 조급하고 자신의 공을 자랑하기에 여념이 없는 것은 아닌지 늘 스스로 돌아봐야 한다.

　업무 성과를 곧바로 내고 싶어하는 사람은 저축을 조금도 하지 않는 것과 마찬가지다. 갑자기 어려움이 닥칠 경우 적당한 묘수를 생각해내기가 어렵다. 그런 사람이 어찌 크게 성공할 수 있겠는가?

4_ 좋은 점은 칭찬하고 나쁜 점은 묻어둔다.

이는 사람들과 사귈 때 가장 중요한 비결이다. 악인일지라도 그 사람의 모든 면이 나쁜 것은 아니다. 그와 마찬가지로 아무리 선인이라도 그 사람의 모든 면이 좋은 것은 아니다. 사람은 저마다 장점이 있는가 하면 단점도 있다.

평판이 나쁜 사람에게도 반드시 좋은 점이나 잘하는 게 있는 법이다. 나쁜 점은 들먹이지 않고, 그가 지닌 미덕과 장점을 언급하면 누구와도 친구가 될 수 있다. "저 사람은 안 돼!"라고 단정짓는 자세는 지양해야 한다. "장점과 사귀면 악한 친구는 없다"는 옛말을 명심해야 할 것이다.

부모형제나 사제 간에는 나쁜 습관이나 결점 등에 대해 이야기해주는 것이 좋다. 그러나 사회생활에서 이루어지는 교제 혹은 사교의 자리에서는 주의해야 한다. 상대방의 단점이나 결점을 너무 분명하게 지적하면 오히려 역효과가 날 수 있다.

설령 호의에서 비롯된 지적일지라도 충고를 받는 입장

에서는 기분이 좋을 리 없다. 앞에서는 고맙다며 인사를 할지도 모른다. 하지만 자신의 결점이 간파당했다는 생각에 상대방이 거북해지고, 결국 친구관계가 단절될 수 있다. 따라서 상대의 나쁜 점에 대해서는 눈을 감고 좋은 점만 칭찬하는 것이 바람직하다. 시간이 흐르면 스스로 결점을 깨닫고 그것을 고치기 위해 노력할 것이다. 설령 나에 대한 감정이 좋지 않더라도 칭찬을 받고 기분 나빠 할 사람은 없다. 언젠가 자신의 부정적인 태도를 반성하며 진짜 친구로 발전할 수도 있다.

흔히 하는 말이지만, 물이 지나치게 맑으면 고기가 살지 못하는 법이다. 즉, 너무 고결하게 행동하면 세상이 그를 받아들이지 않을 수 있다. 말 한마디가 인생의 방향을 바꾸는 경우는 비일비재하다. 누군가의 장점이나 미덕을 칭찬하는 습관을 가지면 불필요한 마찰이 생겨나지 않는다. 나아가 자신의 품격을 높이는 동시에, 타인의 두터운 신뢰를 받게 된다.

5_ 본업에 지장을 초래하지 않는 선에서 기회를 포착한다.

앞에서 잠깐 언급한 것처럼, 한번 정한 직업은 평생 매진하겠다는 각오로 임해야 한다. 그러나 본업에만 매달리다보면, 그 밖의 일에 대해서는 깜깜한 상태가 될 수도 있다. '어떤 것을 위한 모든 것Everything for something'인 동시에 '모든 것을 위한 어떤 것Something for everything'을 늘 염두에 두어야 한다. 그러므로 자신의 전문분야 혹은 본업 외의 어떤 것에 대해 알 수 있는 기회가 생긴다면, 그 기회를 놓쳐서는 안 된다. 잘 살펴보고 조사하며, 요점을 확실히 파악해두는 것이 좋다. 자신의 본업에 소홀하지 않는 선에서 시간을 쪼개 쓰는 지혜가 필요하다.

나의 전문분야는 산림이었다. 일본 내무성의 매연피해 조사위원으로 시멘트 공장을 돌아다닌 적이 있는데, 그 때 나는 시멘트에 관해 두루 공부했다. 그리고 훗날 전국의 산림을 시찰하는 과정에서 시멘트 원료가 생산되는 토질 및 공장이 들어서기 적합한 지역을 발견하고, 경제인들에게 시멘트 공장 설립을 추천했다. 시간이 흘러 그 제안은 대단히 만족스러운 결과를 거두게 되었다.

나는 여행을 다닐 때면 늘 줄자와 눈금이 매겨진 지팡이를 휴대했다. 그리고 가는 곳마다 교통수단과 공원시설, 도시계획 등을 살펴보았다. 또한 새롭거나 진기하거나 유익한 것들을 줄자와 지팡이를 기준으로 꼼꼼히 기록했다. 이러한 일은 훗날 나에게 명승지, 공원, 철도, 호텔, 온천 등의 관광사업에 종사할 수 있는 계기가 되었다. 아울러 도쿄를 강타한 대지진 복구사업에서 정부의 고위 담당자를 보좌할 수 있는 기회를 만들었다.

어떤 기회든 잘 활용해 대략적이라도 좋으니 다양한 실무를 경험하고 조사해두는 것이 바람직하다. 현장에서 체득한 지식은 언젠가 쓰일 일이 생겨난다. 자신의 본업뿐만 아니라 다양한 방면에서 중용의 기회를 높여주며, 자연스럽게 활동의 폭이 넓어진다.

그러나 어떤 경우에도 명심해야 할 점은 자신의 본업이 최우선이라는 점이다. 따라서 세부적인 사항은 전문가에게 맡겨야 하며, 관심사 가운데 어느 쪽이 본업인지 의심받을 정도가 되어서는 안 된다. 또한, 어떤 기회가 다가오더라도 투기나 도박 따위에 손을 내미는 행동은 극도로 경계해야 한다.

6_ 수입의 4분의 1과 임시수입 전액을 저축한다.

이는 독립적인 생계를 꾸려나가기 위한 첫걸음이며,

큰 부자가 되기 위한 출발점이다. 아울러 누구에게나 필요한 인생계획이다. 이를 통해 일정한 성과가 나타나면, 대외적으로 자신을 빛나게 할 중요한 기반이 된다.

7_ 다른 사람에게 받은 은혜는 반드시 갚는다.

이는 너무나 당연한 일이지만, 실제로는 잘 지켜지지 않는다. 그렇기 때문에 은혜를 갚는 인간 본연의 행위가 선행 혹은 미담으로 세상에 알려지곤 한다. '대도大道가 사라지면 인의仁義가 나타난다'는 옛말이 있다. 세상에는 의외로 배은망덕한 무리가 많다.

은혜는 은혜로 갚아야 한다. 결코 원수로 갚아서는 안 된다. 아울러 은혜를 입었으면 가급적 바로 갚는 것이 바람직하다. 은혜의 크기에 비해 너무 가볍다고 여겨질지라도 자신의 성의를 빨리 표현해야 한다. 감사의 마음이 제대로 담겼다면 손수건 한 장, 전화 한 통이어도 상관없다.

마음속으로만 감사한다든지 어떻게 은혜를 갚을지 생각만 해서는 안 된다. 그렇게 하면 상대방에게 내 마음이 전달되지 않는다. 자칫 시간이 많이 지나버리기라도 하면 배은망덕한 사람으로 오해받을 수 있다. 세상에는 주변에 많은 신세를 지고도 일체 연락을 끊고, 훗날 성공해서 깜짝 놀라게 하고 은혜도 갚겠다는 사람이 있다. 하지만 이는 영웅주의요 일종의 허영에 불과하다.

기꺼이 주변을 배려하고 돌보는 사람들은 상대가 성공을 거두고 느닷없이 나타나 사례하는 것을 바라지 않는다. 선한 마음으로 도와주었는데 지금은 어떻게 되었는지, 잘 해나가고 있는지 염려하며 계속 신경을 쓰고 있지는 않을까? 따라서 신세를 진 사람에게는 가끔씩 자신이 처한 상황을 알려주는 것이 바람직하다. 이것이 연락을 두절한 채 지내다 느닷없이 등장하는 것보다 훨씬 나은 방법이다.

영웅주의나 극적 연출이 모두 나쁘기만 한 것은 아니다. 그러나 성공을 거두기 전에 은혜를 갚아야 할 상대가 세상을 떠난다면 어떻게 할 것인가? 그럴 경우 아무리 후회해도 방법이 없다. 아울러 은혜를 입고 곧바로 감사의 예를 표하지 못하는 사람이라면, 몇십 년이 지나도 결코 감사할 줄 모르는 인간이라고 인식될 수 있다.

"뒤늦게 효도하고자 하나 이미 부모님은 계시지 않네"

라는 말이 있지 않은가? 이것이 꼭 부모자식 사이의 일만은 아니다. 좋은 일은 조금씩이라도 빨리 실천하는 것이 바람직하다. 인생은 어느 순간도 확실하지 않기 때문이다. 인생의 한 시기가 오늘 밟는 한 걸음에 담겨 있음을 잊어서는 안 된다. 좋은 일은 서둘러야 한다.

8_ 최선을 다하고 하늘의 뜻을 기다린다.

이는 안심입명하는 하나의 방법이다. 앞에서 언급한 7가지를 잘 실천해도 때가 무르익지 않으면 결코 성공할 수 없다.

지금까지 이야기한 7가지 사항을 명심하고 매사 최선을 다하면 틀림없이 좋은 성과를 거둘 것이다. 만에 하나 원하는 대로 이루어지지 않는다면, 아직 때가 되지 않았을 뿐이다. 그 시기는 반드시 오게 되어 있다.

이러한 평정심과 각오가 없으면 아무리 노력해도 어느새 초조감이 생기고, 틀림없이 이루어질 일도 성공하지 못한 채 끝나게 된다. 자칫 초조감이 지나친 나머지 질병으로 발전할 수도 있다.

어떤 불운, 불행, 불경기도 결코 영원하지 않다. 마치

시계추처럼, 오르내리는 파도처럼 원래 자리로 돌아가게 마련이다. 그러므로 우리는 상황이 순조로울 때, 형편이 좋을 때, 의욕이 생겼을 때 한순간의 망설임도 없이 최선을 다해야 한다. 그 대신 역경에 직면하거나 마음먹은 대로 일이 풀리지 않을 때, 의욕이 사라졌을 때는 그 시간을 견디며 숨죽인 채 기다릴 줄 알아야 한다. 그 기다림의 순간을 마음 공부하는 기회로 삼고, 지식을 쌓고, 영명한 기운을 가다듬으며 적절한 때를 기다려야 한다.

이런 태도를 지니면 좋은 시절도 문제가 없고 나쁜 시절 또한 문제가 없다. 상황이 어떠하든 실력 발휘 혹은 실력 저축의 시기가 된다. 실력만 있으면 먹구름이 가득 낀 새벽일지라도 순식간에 자리를 박차고 일어날 수 있다. 흔히 "일을 망치는 핵심적인 요인은 자신만만할 때 생긴다"고 말한다. 이는 "일을 성공시키는 핵심적인 요인은 낙심천만일 때 생긴다"고 바꿔 말할 수 있다. 의욕이 충만할 때 자만하여 경솔하지 않도록 조심해야 하듯이, 의욕을 상실했을 때 지나친 비관에 빠지지 않도록 주의해야 한다. 또한 순풍이 도래했을 때 지나치게 좌고우면하며 몸을 사리다 시기를 놓쳐서도 안 된다.

　순풍이 불어올 때는 적은 수고로 많은 과실을 거두지만, 역풍이 불어올 때는 아무리 애를 써도 고통과 실패만 늘어난다. 그러므로 순풍일 때는 적극적으로 일하고, 역풍일 때는 한 걸음 물러나 실력을 쌓으며 적당한 시기를 기다려야 한다. 즉, '때를 살피고 기다리는 태도'가 성공의 비결이다. 이는 '때'를 내 편으로 끌어오지 않으면 어떤 일도 성취할 수 없다는 의미이다. 참고 견뎌라, 때가 반드시 다가올 것임을 믿고 기다려라! 이것이 나의 지극한 당부이다.

　세상에는 젖은 손으로 좁쌀을 잡는 것처럼 쉬운 일이 많지 않다. 쉽게 성공을 거머쥐려는 사람은 실패하기 십상이다. 진정한 성공은 쉽게 이루어지지 않으며, 그에 이르는 지름길도 존재하지 않는다. 초조해하지 말고, 게으름 부리지 말고, 우리에게 주어진 시간을 꾹 참고 나아가는 수밖에 없다. 기나긴 인생의 여정에는 늦을까봐 걱정되는 버스도 없거니와, 맞은편에서 적절하게 나타나주는 택시도 없다.

마지막으로 당부할 것은, 개인 사이의 금전거래를 가급적 피해야 한다는 점이다. 즉, 친척이나 친구들과의 돈거래는 일체 하지 말아야 한다.

사업상 은행 등에서 돈을 빌리는 것은 자연스럽다. 이는 경우에 따라 반드시 필요한 일이기도 하다. 그러나 필요한 자금을 친척이나 친구들에게 빌려서는 안 된다. 아예 빌려주지도 빌리지도 말아야 한다. 생활비 역시 마찬가지다. 돈을 빌리는 상황에 처해서도 곤란하지만, 때로 도와주지 않을 수 없는 상황도 있다. 차라리 돈을 주는 경우는 있어도 빌리는 것은 절대로 피해야 한다.

사업상 자금을 빌려달라든가, 이런저런 이유로 돈을 꿔달라는 요청은 경제적 독립을 어느 정도 이룬 사람이라면 반드시 경험하게 되는 상황이다. 경제적 독립은커녕 자기 앞가림에 벅찰 때에도 타인의 주머니를 노리며 달려드는 사람들이 의외로 많다. 이때 좋은 의도로 신경을 써주려 했다가는 봉변을 당하기 십상이다. 마음을 굳게 먹고 분명한 태도를 취하는 것이 자신뿐만 아니라 상대방을 위하는 길이기도 하다. 섣부른 돈거래는 양날의 칼로, 빌려주는 사람과 빌리는 사람 모두에게 반드시 상처를 입힌다.

사정이 허락하면 부탁받은 만큼 혹은 일정 금액을 그냥 주거나, 필요한 돈을 조달할 수 있는 방법에 대해 조언해주는 것이 좋다. 많은 경우 결심만 굳건하다면 스스로 어떻게든 헤쳐나갈 수 있다.

"상대가 서운해할 말은 서둘러 하라"는 옛말이 있다. 이 말을 꼭 기억하기 바란다. 마음이 불편하더라도 개인 간 돈거래는 애초에 거절하는 것이 모두를 위하는 길이다. 셰익스피어의 희곡을 보면 "돈을 빌려주어서는 안 된다. 그렇게 하면 돈과 함께 친구마저 잃게 된다"는 대사가 나온다. 이에 해당하는 사례는 하늘의 별만큼이나 세상에 널려 있다.

한편, 보증을 부탁하는 경우도 있다. 이것 또한 분명하게 거절해야 한다. 상황이 어쩔 수 없다면, 반드시 기간과 금액에 대해 분명한 단서를 달아야 한다.

내가 아는 도쿄대학의 저명한 경제학과 교수가 소액의 보증을 서준 일이 있었다. 하지만 그것이 돌고 돌아 결국 고리대금업자 손에 넘어갔고, 평생 동안 봉급을 압류

당하는 딱한 처지에 놓이고 말았다. 빌려준 돈을 못 받는 정도는 그나마 나은 편에 속한다. 빚보증만큼 위험한 것은 없다고 해도 과언이 아닐 것이다.

한편, 자선모임이나 학교, 각종 단체에 대한 기부금은 가급적 일시금으로 처리하는 것이 좋다. 매월 혹은 매년 분납하는 식으로 미래에 부담을 넘겨서는 안 된다. 그 금액의 한도는 자산(일하지 않고도 얻는 소득)에서 생기는 연간 수입의 4분의 1 이내로 한정하는 것이 좋다. 직업상 혹은 생활면에서 필요한 일종의 의무분담이 아닌 한, 근로소득에서 부담하는 방식은 피하기 바란다. 임의의 기부행위, 그것도 큰 의미가 없는 일에 월급이나 미래의 불확실한 수입을 밀어넣는 건 어리석은 허영이라 할 수 있으며, 뒤늦은 후회로 이어지기 쉽다.

단순한 사교모임이나 사소한 의리를 지키기 위해서라면, 앞에서 말한 것처럼 자산수입의 4분의 1 이내로 지출해야 한다. 만일 공공을 위하는 마음이 남다르다면, 허리를 졸라매고 한꺼번에 돈을 내는 방식이 훨씬 효과적이다. 기부금에 대한 이런 원칙 또한 돈거래와 마찬가지로 매우 중요한 처세의 지침이다.

흔히 우리는 쩨쩨하다는 말을 듣기 싫어한다. 하지만 그로 인해 진짜 쩨쩨해지는 상황에 빠지고 마는지도 모른다. 진심으로 쩨쩨한 사람이 되지 않으려면, 처음의 사소한 쩨쩨함은 오히려 감수하는 것이 바람직하지 않을까?

나는 각종 모임이나 단체의 회비를 분납하지 않고 10배 혹은 20배에 해당하는 액수를 일시금으로 납입해 평생회원 자격을 얻곤 했다. 그렇게 하려면 상당히 거액을 내야 하므로, 크게 중요하지 않은 모임에는 가입하지 않게 된다. 대신 가입한 모임에는 최선을 다해 활동한다.

해마다 연륜이 쌓이고 나이가 들면서 관계가 확장되기 때문에, 그때그때 매듭을 잘 지어놓으면 다른 모임에도 편하게 가입할 수 있다. 물론 매년 혹은 매월 납입해야 하는 회비가 귀찮고 번거로워 가급적 그걸 피하기 위한 목적도 있었다.

"

인생 최고의 행복은

직업의 도락화道樂化에 있다.

부, 명예, 좋은 옷, 맛있는 음식 따위는

결코 직업의 도락이 가져다주는

유쾌함에 견줄 수 없다.

"

자신감을 불러일으키는 법

지행일치와 엄격한 교육

배운다는 것은 무언가를 알고 실천하는 것이다. 즉, 진정한 학습은 실천을 통해 완성된다. 원래 지知와 행行이 일치해야 하는데 근래 들어 제각각이 된 것은 현대 청소년들의 비극이 아닐 수 없다. 어쨌든 모든 것을 가급적 스스로 생각하고 판단하고 선택하고 적용해 활용해야 한다.

대지를 뚫고 나온 초목의 떡잎에 이미 잎과 줄기, 꽃과 열매 등이 갖추어져 있는 것처럼, 청소년들에게는 앞으로 발전해나갈 기본적 요소들이 모두 갖추어져 있다. 따

라서 강한 탄력성 및 저항능력으로 환경에 적응할 수 있
는 활력이 충분하다. 그러므로 그 시기에는 엄격하게 교
육해 심신을 단련하고 지행을 일치시키도록 온힘을 기
울여야 한다. 그러기 위해서는 노력으로 모든 것을 성취
할 수 있다는 노동관을 확립하도록 이끌어야 한다.

　청소년기는 인생에서 가장 적응력이 뛰어난 시기이다.
따라서 아무리 힘든 고난일지라도 견뎌낼 수 있다. 오히
려 그런 것들에 부딪칠수록 극복하는 힘이 더욱 굳건해
진다. "젊어서 고생은 사서도 한다"는 말이 이런 까닭에
생겨나지 않았을까?

정신적 욕구와 물질적 욕구

　양자물리학에 의하면, 빛에는 파동성과 입자성이 동시
에 있다고 한다. 이것을 이른바 상대성 또는 상보성이라
하는데, 나는 이 원리를 통해 삶에 대한 중요한 시사점을
얻었다. 인간의 물질적 욕구와 정신적 욕구는 원래 하나
의 생명욕구에서 파생된 것으로, 상보적 관계에 놓여 있

다는 사실이다. 이에 따르면, 공부(학업이든 일이든)는 정신적 욕구가 왕성한 활동을 의미한다. 따라서 물질적 욕구의 부족함을 보완하는 작용이 활발하다. 즉, 가난과 공부는 상보관계에 있으므로, 참된 공부를 하기 위해서는 가난이 오히려 적합한 상태라는 것이다.

그러므로 공부하는 동안의 가난과 고난은 그 누구라도 개의할 바가 아니다. 아니, 그것은 떼려야 뗄 수 없는 관계에 있다고 할 수 있다. 게다가 유소년 시절의 가난한 생활은 훗날 인생의 어려움을 극복하는 데 긍정적으로 작용할 것이다.

이런 의미에서, 각고의 노력으로 내핍하는 생활과 배우고 익히는 공부 사이에는 서로 통하는 측면이 있다. 따라서 이런 점을 유소년 시절부터 체험시킴으로써 평생의 습관화, 즉 제2의 천성으로 만들면 좋겠다고 생각한다.

완성은 자신감을, 자신감은 더 큰 완성을 낳는다

모든 일에서 어떻게 해야 최상의 능력을 발휘할지 생

각하며, 한 가지 일에 매진하는 습관을 들여야 한다. 일이 채 끝나지 않았는데 다른 일로 옮겨가고, 그것을 중도에 팽개친 채 또 다른 일로 관심을 돌리는 것은 정열을 낭비하는 행동에 불과하다. 그렇게 하다간 어떤 일이든, 어떤 공부든 제대로 이루기 어려울 것이다.

물론 피로해진 심신에 휴식을 취함으로써 기분 전환을 도모하는 것도 필요하다. 어느 한 방면에 집중된 신경을 잠시 다른 쪽으로 돌려 이완의 시간을 갖는 것이다. 그러나 이는 성인들에게 적당한 방법으로, 청소년기의 면학 방법으로는 부적절하다.

적어도 청소년기에는 아무리 사소해 보일지라도 끈기 있게 하나하나 완성해가려는 노력의 과정이 중요하다. 어떤 것의 성취는 자신감을 가져다주고, 더욱 고차원적인 성취로 이끌어주기 때문이다. 그리하여 완성으로 나아가는 여정에서 끊임없이 진보할 수 있게 된다.

다시 한 번 강조한다. 완성은 자신감을 낳고, 자신감은 더욱 큰 완성을 낳도록 돕는다. 자신감은 심리학적 자기 암시 형태로 우리 내면에 잠재한다. 따라서 자신감을 확실히 갖춘다면, 아무리 어려운 상황에 처해도 흔들리지 않게 된다. 그리고 신념은 어느덧 모든 생활에 습관처럼 따라붙는다.

청소년들이 이런 이치를 제대로 인지한다면, 스스로 노력하고 도전함으로써 인생계획에서 가장 중요한 경지를 개척하게 될 것이다.

등산과 인생의 유사점

흔히 인생을 항해에 비유한다. 나는 오랜 경험과 산림 전문가였던 경력 때문인지 인생을 등산에 비유하곤 한다. 실제로 둘 사이에는 닮은 점이 매우 많다.

어떤 산을 오르는 방법은 숱하게 많다. 일본의 후지산을 예로 들면, 오미야 코스, 고텐바 코스, 스바시리 코스, 요시다 코스 등 산에 오르는 길이 다양하다. 등산객의 상황과 원하는 바에 따라 일정을 자유롭게 잡을 수 있다. 어떤 길을 선택하든 궁극적인 목표는 한 가지이다. 이에 관해 누군가는 이렇게 노래했다.

나뉘어 오른 길 수없이 많아도

산허리 구름 위의 달은 같구나.

다만, 인생이란 산은 험하고 높아 정상에 오르기가 대단히 어렵다. 따라서 각자가 평생 동안 도달한 높이와 험난함의 정도로 인생의 가치를 평가받는다.

한 걸음 오르면 한 걸음의 향상이 이루어지고, 두 걸음 오르면 두 걸음만큼의 기쁨이 생겨난다. 5부 능선에서 멈춘 사람은 8부 능선에서 바라보는 경치를 알지 못하며, 8부 능선에서 그만둔 사람은 정상에 도달한 사람이 느끼는 희열을 알기 어렵다.

등산이 우리에게 가르쳐주는 것들

등산의 비결과 인생계획의 실천을 같이 놓고 생각해보자. 그렇게 하면 서로 닮은 교훈을 깨달을 수 있다.

1. 자신의 체력과 입장, 실력과 상황에 따른 최적의 코스를

연구조사하고, 경험자에게 정보를 얻어 정할 것.

2_ 한 번 결정한 코스는 도중에 변경하지 말 것.

사람들은 약간의 어려움에 직면해도 안락함을 추구하는 마음 때문에 흔들리기 쉽다. 그러나 등산 도중에 변경한 길은 더욱 험난할 때가 많고, 그로 인해 제자리로 돌아오는 어리석음을 범하기도 한다.

등산하다가 길을 잃을 경우, 등산에 능숙한 사람들은 침착하게 지나온 길을 되돌아본다. 그리고 지도와 나침반 등을 이용해 나아가야 할 방향을 찬찬히 판단한다. 이럴 경우 반드시 지금까지 걸어온 코스를 점검해 결정한다. 만일 그것이 불가능하면 가장 확실하다고 여겨지는 지점까지 되돌아간다. 아니면 돌멩이를 던져 선택한 길이라도 좋다. 어느 한 방향을 정해서 돌진한다. 어떤 난관이 나타날지라도 흔들리지 않고 앞으로 계속 나아간다. 이런 방법이 다소 무모해보일 수도 있다. 하지만 우왕좌왕하는 것보다 훨씬 안전하다. 그렇게 하다보면 찾던 길 혹은 편안한 길이 나타날 것이다.

이런 상황에 익숙지 않은 사람들은 어떤 어려움이 나

타나면 다른 곳으로 발길을 쉽게 돌린다. 그런데 그러다 보면 같은 지역을 빙빙 도는 일이 생겨난다. 그 사이 날은 저물고 배는 고프고 추위가 엄습해 결국 지쳐 쓰러지게 되는 것이다.

인생 또한 그와 마찬가지다. 한번 결정한 진로를 쉽사리 바꿔서는 안 된다. 눈앞의 어려움을 피해 안온한 길로 가려다가 자칫 더 불리하고 위험한 상황에 직면할 수 있다.

과감하게 행동하면 어떤 재앙도 비껴가는 법이다. 인생을 있는 그대로 바라보며, 회피하거나 두려워하지 않고 싸워 이기는 것 외에는 방법이 없다. 그렇게 여러 어려움을 극복하며 한 걸음씩 전진해나가는 과정에서 우리는 행복을 얻게 된다. 이런 용기와 노력이야말로 인생이라는 등반과정의 가장 큰 자산이다.

3_ 짐은 되도록 가볍게 쌀 것.

어떤 상황이든 필수적인 것들은 가지고 다녀야 하는 것이 인생이다. 따라서 필요한 물건과 불필요한 물건을 미리 구분해두어야 한다. 자신의 신분이나 지위 따위에

얽매여 인생이라는 배낭을 무겁게 만드는 것은 어리석은 일이다. 약간의 오르막길에도 금세 숨이 가빠질 것이기 때문이다. 그러다보면 자연스럽게 쉬운 길로 걸음을 옮기거나, 무게를 견디지 못하고 휘청거리다 계곡으로 추락할 수도 있다. 인생의 여정은 가급적 간소하고 단순한 일상이 바람직하다.

4_ 서두르지 말고, 멈추지 말고, 게으름 부리지 말 것.

등산에 서투른 사람은 처음에 속도를 내기 쉽다. 하지만 그럴 경우 급격하게 걸음이 흐트러지고 숨도 가빠진다. 의욕이 앞서면 도리어 피로가 찾아들고, 상황이 나쁠 경우 가장 먼저 주저앉게 된다.

등산에 가장 적절한 속도는 다소 느리더라도 숨을 헐떡이지 않을 정도를 표준으로 삼아야 한다. 서두르면 그만큼 쉬는 시간이 늘어난다. 자꾸 쉬게 되면 점점 걸음이 느려질 뿐만 아니라 피로가 쉽게 느껴진다.

등산이든 인생이든 마찬가지다. 황소걸음처럼 느리더라도 쉬지 않고 계속 나아가는 것이 중요하다. 그것이 등산의 비결이자 인생의 묘법이다.

5_ 과정을 즐길 것.

서두르지 않는다는 건 결국 과정을 즐기라는 의미이다. 과정을 즐길 수 있어야 한 걸음씩 오를 때마다 의미가 부여된다. 그렇게 하면 아무리 높은 산이라도 여유로운 마음으로 올라갈 수 있다.

속도에만 집중하면 아름다운 풍경이 눈에 들어오지 않는다. 발아래 흐드러지게 핀 꽃들조차 그냥 지나치기 쉽다. 무작정 앞으로 내달리는 사람은 산길 따라 오롯이 자리한 샘도 발견하지 못하고, 재잘거리는 새소리도 듣지 못할 것이다. 이는 너무 무미건조한 산행 아닐까?

인생은 길다. 아무리 서둘러도 쉽게 끝나지 않는 여행길이므로, 순간순간을 즐겨야 한다. 공부도 일도 도락처럼 여겨, 산이 선물해주는 풍경을 느긋하게 즐길 줄 알아야 한다. 뒤돌아보면, 그렇게 하는 편이 피곤도 덜하고 걸음걸이도 안정적이라는 사실을 깨닫게 될 것이다.

6_ 음식은 80퍼센트 정도만 섭취할 것.

평소에도 마찬가지지만, 특히 산행에서 과식은 금물이다. 과식을 하게 되면 쉽게 숨이 가빠지고 피로도 빨리 느끼게 된다. 따라서 자연히 산에 오르기가 힘들어진다.

이는 인생 또한 마찬가지다. 지나치게 안온한 생활과 과식은 우리의 숨을 헐떡이게 만든다. 당뇨병이나 신장병, 위장병으로 일찍 세상을 뜨는 이들을 보면 과식과 과음, 사치스런 생활에 원인이 있는 경우가 많다.

7_ 쓸데없는 행동을 피할 것.

등산할 때 주의를 환기시키는 교훈 가운데 "샛길 갓길에 날이 저문다"는 말이 있다. 등산이나 인생이나 쓸데없는 행위는 금물이다.

낭비와 여유는 분명히 다르다. 여유에는 훌륭한 목적이 있고 효과도 있다. 가령 유명한 폭포를 구경하기 위해 시간을 약간 지체하며 길을 돌아가는 것은 여유에 속한다. 반면, 갖고 가지도 못할 백합꽃을 꺾느라 풀밭을 헤치고 다니는 것은 시간낭비에 불과하다.

8_ 경우에 따라 우회할 것.

산길을 따라가다 깎아지른 절벽이 나타나면 어떻게 하는 것이 좋을까? 경험이 풍부한 전문가의 지도를 받아

암벽 등반을 하는 것도 적절한 방법이다. 하지만 여건이 여의치 않은데도 무리를 하는 것은 좋지 않다.

그런 경우는 우회로가 없는지 알아봐야 한다. 창끝 같은 산봉우리가 아닌 한, 옆이나 뒤로 안전하게 오를 수 있는 등성이길이 있게 마련이다.

또한 "여기까지 왔으니 조금 무리해서라도 정복하는 거야!" 하는 식의 무모한 도전은 피해야 한다. 그런 결의와 용기는 인생을 살아가는 데 꼭 필요하지만, 때와 장소에 따라 마음을 가라앉힐 필요가 있다. 용기가 사용될 곳은 분명히 그런 상황이 아니다.

9_ 지름길을 찾지 말 것.

지름길, 샛길을 찾다보면 시간이 단축되기는커녕 오히려 어려움에 처할 때가 생겨난다. 그리하여 시간과 노력이 배로 들고, 때로 큰 상처를 입기도 한다.

인생에서도 자신의 본업을 흔들거나 의심하지 않고, 주어진 길을 뚜벅뚜벅 걸어나가는 것이 가장 빠른 방법일 수 있다.

"

인생에서

가장 중요한 경제적 독립은

직업과 관계가 없다.

적극적으로 일하고,

소극적으로 절약하는 것 외에

다른 길은 없다.

"

직업의 선택

인생계획의 핵심 포인트

직업의 선택과 수행은 인생계획의 핵심이다. 좁은 의미에서 인생계획 자체라고 봐도 좋을 정도이다. 개인적으로나 사회적으로 직업은 생활(인생)의 뿌리를 이룬다. 뿐만아니라 인생(생활)의 향상 및 문화의 진보가 모두 직업을통해 구현된다.

인간이라는 존재는 직업을 선택해 사회생활의 일부를분담해야 한다. 즉, 국가와 사회의 번영을 도모하기 위해우리는 빈부귀천을 막론하고 자신의 역할을 다해야 한다. 직업을 통한 공헌은 인간의 생존권인 동시에 의무이기도 하다.

그런데 사회제도는 복잡하기 짝이 없고, 사람마다 능력도 다르다. 각 개인에게 어떤 직업이 적합한지를 단정 짓기란 쉬운 일이 아니다.

직업과 시대상황의 관계

청소년이 되면 서서히 자신의 직업과 관련된 고민을 시작해야 한다. 이를 위해 자신의 성격과 환경에 적합하고, 아울러 자신의 역량을 발휘하기에 어떤 분야가 적합한가를 신중하게 따져봐야 한다. 아울러 앞으로 시대가 어떻게 변화할지도 염두에 두고, 인생을 걸어볼 만한 최적의 직업을 결정해야 한다.

사실상 직업의 선택이야말로 인생의 출발점이며, 이로부터 인생계획의 실천이 본궤도에 오른다고 할 수 있다. 일단 결정한 직업에 투신하고 나서는 오로지 그 일을 위해 연구하고 노력해야 함은 말할 나위도 없다. 그런데 여기서 반드시 주의해야 할 점이 한 가지 있다. 그것은 직업과 시대의 관계이다.

중일전쟁(1937년 발발) 전에 일본의 국민은 대개 자기 자신이나 가족을 위해 일하는 경향이 있었다. 학문을 연구한다 해도 자신의 입신양명을 목표로 삼았다. 자영업에 종사할 경우 자신과 가족의 부를 증대시키려는 개인적 관점에 토대가 있었다. 그 방향은 거칠게 표현하면 많이 벌어 많이 쓰자는 것이었다. 이런 경향은 어떤 면에서 성취동기를 부여하고 능률을 증대시키는 역할을 했다. 그러나 목적을 위해서라면 수단을 가리지 않는 폐단에 빠지기도 쉬웠다.

그런데 태평양전쟁에 돌입하면서 이런 상황이 확 바뀌었다. 모든 것이 이른바 전력증강이라는 한 가지 목표로 집중되었다. 그렇게 되자 국민은 마차를 끄는 말처럼 오로지 전쟁에 동원되는 물자가 된 듯한 상황에 내몰렸다. 따라서 직업선택의 자유는 극도로 제한되었다. 이미 일정한 코스를 밟아가고 있던 사람조차 기업정비와 징용이라는 미명 아래 강제적으로 방향이 바뀌었다. 그로 말미암아 조상 대대로 이어져온 가업까지 무너져버린 사례가 대단히 많았다. 직업과 관련된 개인적 계획을 세워

볼 수조차 없었으며, 한치 앞도 내다보기 힘든 시대가 돼
버린 것이다.

그러나 지금은 상황이 달라졌다. 국면이 바뀌어 각자
의 직업선택이 완전히 자유화되었다. 따라서 타인에게
강제당하거나 국가의 명령을 받는 폐단은 일체 사라졌
다. 오늘날의 청소년이야말로 인생계획의 자유를 제대로
얻었다고 할 수 있다.

어느 시대 어떤 직업이든 각 개인에게 최선·최적의 선
택이어야 한다. 그리고 직업을 선택한 이상 흔들림없이
매진해야 한다.

사람은 학교를 다니면서 배움의 기회를 얻는다고 생각
하지만, 사실 학교에서 배우는 것은 한계가 있다. 자신이
선택한 직업을 통해 진정한 인격을 연마하고, 살아있는
지식을 얻게 된다. 학교교육은 그 준비과정에 불과하다.
살면서 겪게 되는 성공, 실패, 진보, 반성, 공부 등 온갖
체험들은 직업을 통해 온전한 내 것이 된다. 그런 면에서
'직업'이라는 용어에는 묘한 권위가 담겼다고 생각한다.
어떤 경우에도 상대방을 납득시키는 무언가가 존재하기
때문이다.

"

가난과 실패는

인간이 홀로 서기를 이루기 전에

반드시 한 번씩 겪는 홍역이나 마찬가지다.

그러므로 이왕 맞을 매라면

빨리 맞는 것이 낫다.

"

연마기에서 근로기로

어엿한 성인이 되기까지

청소년기를 거치면서 우리는 저마다 직업에 대해 고민하게 된다. 그런 과정을 통해 사회인으로 우뚝 서는 것이다.

이는 집을 짓기 전에 기초공사를 하는 것과 마찬가지다. 그러한 토대 위에서 설계도대로 집이 지어지고, 주변 공사가 이루어지고, 가구 등이 배치된다. 그 과정이 끝났다면 이제 당당하게 살아가는 일만 남았다.

공자는 『논어』에서 이렇게 말했다.

"열다섯에 학문에 뜻을 두었고, 서른 살에 홀로 섰다."

이는 단순히 서른에 직업을 갖고 생계를 독립적으로 영위하게 되었다는 의미가 아니다. 인생을 항해할 준비를 마치고 원대한 포부를 품은 '나의 자립'을 자각한 상태를 가리킨다.

현명했던 공자마저 30세가 되어서야 자립을 이야기했다. 그러니 우리처럼 평범한 사람들은 그런 상태에 언제나 도달할 수 있을까?

스무살이 되었을 때 목표로 삼을 것은 '자립'의 준비일 것이다. 그 정도만 되어도 훌륭한 사회인이라 할 수 있다. '자립'이라는 말을 쓰고자 한다면, 적어도 다음 두 가지를 충족시켜야 한다.

먼저 자기 힘으로 서야 한다. 부모의 재산이나 누군가의 돌봄 아래 생활하는 것은 자립이 아니다. 선배나 집안 사람들의 비호를 받는 것 또한 마찬가지다.

또 하나는 자신감을 가지고 생활해야 한다는 것이다. 대지를 힘차게 밟고 서서, 마치 커다란 반석처럼 흔들림이 없어야 한다. 나아가 자립 상태는 객관적으로 만인에게 인정받을 수 있어야 한다. 비틀거리며 엉거주춤 서 있는 정도로는 자립했다고 보기 어렵다.

근로기의 인생계획은 지금까지 쌓아올린 기초를 잘 다져 거대한 건축물이 세워져도 탈이 나지 않도록 만반의 준비를 하는 것이다.

'자립'을 향하여

내가 말하는 근로기(21~65세)는, 청소년기에 학습한 내용을 적절히 활용해 각자의 직업 속에서 나와 남을 위해 일하는 시기이다. 동시에 국가와 사회에서 부여받은 명리를 축적하여, 인생계획의 성공을 위해 한 걸음씩 나아가는 시기이기도 하다. 그 행로는 다음 5가지 항목으로 요약할 수 있다.

1_ 적당한 직업을 택해 최선을 다하며, 가급적 빨리 도락화의 경지로 끌어올릴 것.

2_ 때가 되면 좋은 배우자를 맞이해 가정을 꾸릴 것.

3_ 한 가정의 경제적 독립을 확립할 것. 즉, 근검저축으로 여유

로운 생활기반을 만들어 생계를 독립적으로 꾸려나갈 것.

4_ 직업을 일순위에 두고 최고의 능률 및 효율성을 달성하도록
노력하되, 노후 준비를 철저히 해나갈 것.

5_ 생명보험과 저축, 그 밖의 방법을 동원해 만일의 불상사나
어려움에 대비할 것.

여기서 한 가지 주의할 점이 있다. 공자가 말하는 '서른 살에 홀로 서기'를 이루었다고 자신한다면, 기존에 세웠던 인생계획을 재검토해 더욱 확정적인 것으로 다듬어야 한다. 즉, 실천방법을 구체적으로 강구하고 결정하는 것이 바람직하다. 주변의 모든 상황과 가능성을 염두에 두고 자신의 활동성을 최고로 발휘할 수 있는 방향을 확정해야 한다.

그렇게 결정된 사항을 '인생계획 결정판'이라 이름붙이고, 목표를 실현하기 위해 꾸준히 나아가자. 향후 시대적 변화나 환경에 따라 수정되는 부분이 있더라도 근본만큼은 흔들리지 않아야 한다. 자신이 세운 인생계획이야말로 인생의 소중한 버팀목이다. 그것을 자꾸 바꾸면 결코 성공에 이르지 못할 것이다.

"

자신의 본업을 으뜸으로 칠 것.
그리고 그 일에 전념하며 최선을 다할 것.
이것이 평범한 사람들이
비범한 천재들에게 뒤지지 않으면서
성공을 거둘 수 있는 유일한 길이다.

"

3

어떻게
살아가야
하는가

생활의 안정을 이루는 길

직업의 도락화

이제 개인적 이익이나 명예와 같은 특정한 직업관으로는 완전한 성과를 거두지 못하는 시대가 되었다. 성공의 관점은 사회의 이익 및 발전과 반드시 일치해야 한다.

국가와 사회의 발전 및 진보에 기여하는 동시에, 그 일을 통해 각자의 기량을 연마하고 정진시켜 생활상으로나 경제적으로 굳건한 기반을 만들 수 있어야 한다. 그런 경지에 도달하기 위해서는 무엇보다도 내가 늘 말해온 '직업의 도락화道樂化'를 도모해야 한다. 자기 능력에 맞는 직업을 누구나 바라지만, 그런 바람이 처음부터 이루어지기란 쉽지 않다. 다양한 요인들 때문에 성격이나 재능, 취향, 생활형편 등과 맞지 않는 직업을 선택하는 경우가 상당히 많다. 또한 다행히 자신에게 딱 맞는 직업을 얻었더라도, 그것만으로 성공을 거머쥐지는 못한다. 모든 것은 그 뒤의 노력에 달려 있으므로, 방심과 게으름은 어느 경우에나 금물이다.

낯설고 익숙지 않은 일이라도 그것을 천직 내지 운명으로 받아들이고 최선을 다해보자. 처음에는 다소 고통을 겪겠지만 시간이 흐르면 적응하게 마련이다. 그러다 보면 자연히 능률도 오르고, 성과도 좋아질 것이다. 그리고 마침내 그 일이 더할 나위 없이 좋아지는 새로운 상황이 전개될 것이다. 이는 '직업의 도락화'가 훌륭하게 이루어졌음을 의미한다. 이때가 되면 사람과 직업이 하나가 되어, 굳이 욕심내지 않아도 저절로 성공이 찾아온다.

"좋아서 하는 것이 곧 숙달되는 길"이란 옛말이 있다. 어떤 일이라도 좋아질 정도까지 노력하면 자연히 그 일에 익숙해진다. 그리고 그러한 노력은 마침내 그 사람을 천재나 명인으로 만들어준다. 어떤 일에서나 이런 경지에 오를 정도로 몰입하면 노동의 예술화를 이룰 수 있을 것이다. 이는 일상적인 노동행위를 통해 예술가가 창조적 활동으로 느끼는 감흥을 얻게 됨을 의미한다.

직업의 종류는 무궁무진하다. 자연히 직업에 따라 도락의 달성 여부에 차이가 생겨난다. 그러나 열정은 궁리의 어머니 역할을 하며, 노력은 취미를 도락으로 승화시키는 아버지 역할을 한다. 도락으로 이어지지 못할 직업은 없다. 노력을 통해 성공을 거둔 수많은 사람들이 이를 증명한다. 이왕이면 자신이 선택한 직업을 도락의 경지로 끌어올릴 수 있기를 소망해본다.

일상생활은 단순하게

인생계획에서 가장 중요한 문제는 생활의 안정을 도모하는 것이다. 취직 혹은 취업 또한 이를 달성하기 위한 하나의 수단임에 틀림없다. 그러기 위해 나는 착오 없는 선택과 도락을 이루어야 한다고 말했다. 여기서 한 걸음 나아가, 자신의 생활태도를 바로잡고 경제적 계획을 세워야 한다.

인간의 생활양식을 발전이라는 관점에서 살펴보면, 처음에는 매우 단순하고 소박하지만 점차 복잡해지는 경향을 보인다. 그 복잡성은 일정한 한계를 넘어서면 쓸데없이 번잡하다고 느껴진다. 그러다가 어느 순간, 생활에 대한 정열이 사라지고 생명력은 고갈되다가 마침내 소멸하는 것이 보통이다.

일본이란 나라를 돌이켜보자. 태평양전쟁 이전에는 일본, 중국, 서양 스타일이 뒤섞여 폭발 직전이라고 할 만큼 포화상태였다. 그러나 태평양전쟁에서 패함으로써 그런 상태가 완전히 무너졌고, 원래의 모습인 단순하고 간소한 생활양식으로 돌아왔다. 이는 결과적으로 대단히 환영할 만한 현상이며, 앞으로도 이런 생활을 지속하는 것이 바람직하다고 본다.

물론 단서가 있다. 과거의 문화나 일상생활을 과학적으로 비판 혹은 반성하고, 그 토대 위에서 올바른 것眞, 선한 것善, 아름다운 것美의 정수를 도출해내야 한다. 동시에 일본 고유의 단순하고 간소한 생활을 주축으로, 이를 통일적으로 순화시켜 나가는 것이 바람직하다. 더불어 이런 원칙에 반하는 것들과는 깨끗이 결별해야 할 것이다.

새로운 시대적 전환기를 맞아 민주주의와 함께 문화주의 및 문화생활을 누려야 한다는 목소리가 매우 높다. 하지만 나라 고유의 진선미를 살리지 못한다면 의미가 없다.

이와 같이 복잡한 부분을 통일시켜 단순화시키다 보면 당연히 일상생활의 축소가 문제점으로 부각된다. 하지만 이를 생활수준의 하락이라고 오해하거나 속단해서는 안 된다. 절약에 따른 간소화를 생활수준의 하락으로 여기는 것은 지나친 물질주의적 사고이다. 정신적·도의적 기준에서 본다면 물질적 축소는 오히려 생활을 정화하고 고양시켜주는 축복이라 할 수 있다.

일과의 합리적 설계

인간의 사상이나 행동 또한 마찬가지이다. 고승이나

철학자가 취하는 말과 행동은 대체로 단순하며, 어이없을 정도로 평범하게 느껴질 수도 있다. 하지만 깊이 음미해보면 실로 숭고한 의미가 담겨 있음을 알게 된다. 이는 맹렬한 수련을 거치고서야 도달할 수 있는 경지이며, 복잡함을 뛰어넘은 단순함의 극치라고 할 수 있겠다.

역사적으로 봐도 문화발전 측면에서 집중(단순화)을 벗어나기 위해 분화(복잡화)가 먼저 이루어지며, 분화가 극대화되면 다시 집중으로 향하게 된다. 이런 끊임없는 순환을 통해 문화가 종합적으로 발전하는 것이다. 따라서 복잡성은 단순함에 이르는 과정이지 결코 그 자체가 목적은 아니다.

문화생활의 본질은 어디까지나 단순하고 간소해야 한다. 그러나 단순화가 생활수준의 하락에만 머무른다면 어떤 발전적인 상황도 꾀할 수 없다. 따라서 간소한 생활에 중심을 두는 한편, 정신과 물질적인 측면 모두에서 한층 더 내실을 기해야 한다.

그러기 위해서는 각자가 지닌 생활능력을 최고로 발휘해 생활의 모든 면에서 활용해야 한다. 즉, 시간과 노동력, 생각, 물건, 자금 등을 효율적으로 사용해야 할 것이

다. 이는 인생계획의 한 단면으로써 일과의 합리적 설계
가 각자의 상황에 맞게 이루어져야 한다는 말이다.

의식주 및 그 밖의 생활을 영위하는 태도는 생산과 건
설을 위한 개선을 의미해야 하며, 결코 단순한 변덕이나
즉흥적인 발상에 머물러서는 안 된다.

경제계획의 시작

이제 막 결혼해서 가정을 꾸린 32세 남자가 있다고 치
자. 일반적으로 결혼 후 1~2년 사이에 아이가 태어날 것
이다. 그리고 3~4년 뒤 한 명의 아이가 더 태어날지도
모른다. 경제계획은 이러한 가정 위에서 세워져야 한다.
한 가정의 생활비와 양육비, 학비는 물론, 만일의 돌발적
인 상황에 대비한 계획까지 임두에 두어야 한다.

결혼 7~8년차인 40세 내외부터 아이가 차례로 초등학
교에 들어갈 것이다. 47세 무렵에는 중학교에 진학하고,
50세 무렵에는 고등학교에 들어가며, 53세 무렵에는 대
학에 진학한다. 이처럼 순차적으로 따져가면서 그에 따

른 학비 관련 계획을 세워야 한다.

초등학교 6년, 중학교 3년, 고등학교 3년, 대학교 4년, 도합 16년 동안의 학비를 계산하면 아이 한 명당 필요한 대략적인 예산이 잡힌다. 게다가 훗날 결혼비용을 도와줘야 할지도 모르는 일이다.

이 밖에 갑자기 질병에 걸리거나 재난을 당할 수도 있다. 이를 위한 비상금을 합산한 총액이 대략적인 경제계획의 기본적인 숫자라고 할 수 있다.

이를 인생계획과 마찬가지로 30년, 20년, 10년, 5년, 1년 단위로 나누고, 1년치를 월단위 소요비용으로 세분한다. 그리고 이를 달성하기 위해 적절한 살림규모를 유지해야 한다.

물론 이 숫자는 사람에 따라 달라질 것이다. 또한 예상금액은 실제보다 다소 여유를 두어야 한다. 이 방법은 결과가 숫자로 드러나므로 성공 여부가 분명하게 나타난다. 그에 따라 개선방법을 찾을 수 있으니 재미와 보람을 함께 느낄 수 있을 것이다.

계획적인 결혼, 계획적인 출산

혹시 이런 이야기를 듣고는, "도저히 그렇게 큰돈은 마련할 자신이 없어. 따라서 독신생활 말고는 방법이 없다"며 소극적으로 생각하는 사람이 있을지도 모르겠다. 그러나 경제력은 늘 변화하는 법이다. 또한 "일단 저지르고 나면 다 방법이 생기게 마련"이라는 말처럼, 태어난 아이들은 어떻게든 부양하게 된다. 따라서 지나치게 걱정만 앞세울 일은 아니다.

약간이나마 변통할 자산이 있거나 맞벌이가 가능할 경우 가급적 빨리 결혼하는 것이 좋다고 생각한다. 부부가 의논하여 자녀의 숫자나 터울을 결정하면 된다.

경제적 준비는 빠를수록 좋다. 또한 그것이 효과적이기도 하다. 처음 독립했을 때부터 절약하고 저축하지 않으면 안정된 생활을 할 수 없는 시대가 되었다. 옛날부터 살림은 수입의 80~85퍼센트 정도로 해나가야 한다고 했지만, 내 생각에 그 정도로는 부족한 것 같다. 부디 '4분의 3' 생활, 즉 수입의 75퍼센트 이하로 생활하고, 25퍼센트 이상을 미리 저축하기 바란다. 물론 상여금이나 수당, 그 밖의 특별수입은 전액 저축하는 것이 좋다. 바로 이것이 나의 부를 일구어준 '혼다식 저축법'이다.

고정된 수입은 대개 각자가 일한 만큼 생겨난다. 그러나 특별수입은 사람에 따라 큰 차이가 발생한다. 따라서 능력이 뛰어난 사람은 단기간에 많은 경제력을 갖출 수도 있다.

혼다식 저축법

경제계획의 토대가 되는 저축은 어떤 방법으로 하는 게 좋을까? 나는 실행하기 쉽고 효과적인, 또한 직접 실천하여 효과를 거둔 '혼다식 저축법'을 권하고 싶다. 이는 수입의 4분의 1을 미리 공제하여 저축하고, 특별히 생기는 수입은 무조건 전액 저축하는 간단한 방법이다.

그렇게 하면 2~3년 만에 저축액의 이자가 발생해 소득이 눈에 띄게 증가하고, 저축하기가 훨씬 수월해진다. 그렇게 3~5년을 견디면 전혀 힘들이지 않는 가운데 수입의 4분의 1을 저축할 수 있게 된다. 그리하여 10년 내지 20년을 지내고 나면 생각지 못했던 훌륭한 결실이 우리를 기다린다.

물론 그 기간 동안 술이나 담배는 물론이고, 일체의 사치나 허영을 물리쳐야 한다. 또한 극도로 쥐어짜는 절약생활을 하며 저축액이 늘어나는 것을 최고의 즐거움으로 삼아야 한다. 그렇게 하면 10년 내지 20년 뒤에 저축액의 이자만으로도 상당한 소득을 올릴 수 있게 될 것이다.

그런 단계에 오른 뒤 술·담배를 다시 즐기거나 약간의 사치를 하는 것은 큰 문제가 없다. 그러나 그때는 건강하게 장수하는 삶을 꿈꾸는 나이가 되므로 가급적 사치를 멀리하며, 오랜 동안의 절약습관이 자연스럽게 낭비를 막아준다. 따라서 뜻하지 않게 경제계획 실행과 무병장수의 방책이 동시에 이루어진다.

나의 의견에 대해 이렇게 반박하는 사람이 있을지도 모르겠다.

"당신이 취직해서 생활하던 시대는 물가가 지금보다 매우 낮지 않았는가? 따라서 4분의 1 저축을 쉽게 할 수 있었을지 모르지만, 지금의 고물가 시대에는 엄두도 못낸다."

분명 일리가 있는 말이다. 하지만 지금은 각종 수당이나 상여금이 늘어나지 않았는가? 아울러 옷차림이나 교제비 등이 간소화되었고, 구시대에 생계를 압박하던 인사치레도 많이 사라져 생활을 꾸려가기 나아진 측면이 있다. 그러므로 마음먹기에 따라 비록 많지 않은 봉급일지라도 어느 정도는 실천이 가능하다. 만약 이를 실천하지 못한다면 당사자의 노력이 부족하기 때문일 것이다.

생활설계와 보험

혼다식 저축법과 병행하여 질병이나 만일의 사태가 발생했을 때를 대비해 생명보험, 상해보험, 실업보험 등에 가입해두는 것이 좋다. 이런 방법을 취하는 까닭은 자산이 부족하기 때문이다. 이미 재산이 많은 사람은 그럴 필요가 없다.

나는 대학에 자리잡은 25세 때부터 모 생명보험사에 보험금 2천 엔(요즘의 30만 엔 정도)씩을 25년 약정으로 붓기 시작했다. 그리하여 지금으로부터 30여 년 전에 불입이 이미 끝났고, 몇 년마다 이루어지는 배당이 보험금에 합산되었다.

다행히도 나는 이 보험금을 신청할 기회가 없었지만, 혹시라도 어떤 일이 생겼다면 우리 가족에게 큰 도움을 주었을 것이다. 물론 인플레 폭등으로 엔화의 실질가치가 폭락하면서 손해를 입었지만, 지금까지 마음을 든든하게 해준 점을 고려하면 결코 무의미하지 않았다고 생각한다. 보험 자체가 나쁜 것이 아니라, 인플레이션이 무서운 것임을 염두에 두어야 한다. 따라서 나는 저축과 보험의 혼용 혹은 겸용을 권하는 편이다.

지금까지 근로기의 인생계획을 중심으로 '재산 형성'에 대해 이야기했다. 자연스레 물질적 측면을 우선시했지만, 이 과정에서 우리는 다양한 가치를 배우게 된다. 즉, 절약하는 습관을 통해 삶의 낭비, 생활의 낭비를 피하고, 열심히 살아가는 가운데 주변에 덕을 베풀 수 있다. 이처럼 재산의 축적은 생명력, 생활력, 인덕의 축적으로 확대된다. 제대로만 실천하면 누구나 실감할 수 있는 부분이다.

다시 한 번 말하지만, 근검저축은 인간의 삶에서 만 가지 덕의 기초가 된다. 그러므로 인생계획을 달성하기 위해서는 우선적으로 이 문을 통과해야 한다.

세상에는 정신적·경제적으로 독립하지 못했으면서, 입으로는 천하대사를 떡 주무르듯 이야기하는 사람들이 있다. 하지만 생계조차 스스로 꾸리지 못할 경우, 그의 말은 보잘것없는 것이 되고 만다. 그런 정도는 어린아이라도 알고 있다.

66

세상은

마치 거울과 같다.

내가 얼굴을 찌푸리고 노려보면,

세상이라는 거울도

찌푸린 채 나를 노려본다.

99

결혼에 대하여

연애와 결혼

연애는 사람의 본능이자 인생의 꽃이다. 따라서 그것
이 아름다운 꽃을 피우고 탐스러운 열매를 맺게 함으로
써 행복에 보탬이 되도록 해야 한다.

연애를 복숭아꽃에 비유해보자. 복숭아나무에는 매년
일찌감치 꽃봉오리가 맺히는데, 처음에는 조그맣고 단단
하다. 하지만 그 속에는 이미 꽃잎으로 자라날 것들이 자
리잡고 있으며, 손톱으로 긁거나 터뜨리면 결코 아름다
운 꽃이 피지 못한다. 결국 좋은 열매 또한 맺지 못한다.

인간의 행위는 무의식적으로 이루어지는 경우가 많다. 특히 청소년 시기의 연애는 맹목적이기 쉬우며, 쉬이 뜨거워지고 쉬이 차가워진다. 따라서 부모님을 비롯한 어른들의 지도감독이 필요하다.

옛날부터 결혼을 두고 '연애의 석양'이라느니 '연애의 무덤'이라는 말들을 많이 했다. 하지만 격한 감정을 다스리며 결혼으로 나아가는 그 시간들이 연애의 절정이며, 그 순간은 신성 자체라고 할 수 있다. 따라서 연애의 신비나 진지함은 결혼 전의 순정에 있다. 오히려 결혼은 신성한 연애를 세속적인 생활로 끌어들이는 역할을 한다.

인간은 결코 산속이나 외떨어진 섬에서 혼자 살아갈 수 없다. 누구나 사회와 가정의 테두리 안에서 생활해야 한다. 그런 만큼 삶을 있는 그대로 바라보며 끊임없이 노력해야 한다. 그리고 그 과정에서 행복을 찾아야 한다.

연애는 인생의 일부일 뿐이며 결코 전부가 아니다. 따라서 연애나 결혼 모두 여타의 가치 있는 부분들과 균형 내지 조화를 이루어야 한다.

연애는 신성하고 존중받아 마땅하지만, 사회의 구성원으로서 준비가 되었을 때 시작하는 것이 좋다고 생각한다. 연애는 즐겁고도 달콤한 고통이며, 바람직하면서도 행복한 인고이다. 이 고통과 인고의 정도가 강할수록 연애의 가치는 더욱 커진다.

따라서 나는 청소년기를 연애의 인고기간이자, 준비 및 교양을 쌓는 시기라고 생각한다. 근로기가 되면 일정한 직업을 갖고 생계의 기초를 쌓는다. 그 이후 아직 열리지 않은 문에 접근하기를 권한다.

배우자 선택의 기준

배우자를 선택할 때 논리 정연한 이성理性보다는 감정이 작용하는 경우가 많다. 사랑의 속성이 맹목적인 것처럼, 연애를 통한 결혼은 그렇게 되기가 쉽다. "아무리 생각해도 좋아" 혹은 "그냥 좋아"라고 말하며, 정도의 차이는 있을지언정 이성보다 감정을 앞세우는 일이 많다.

이런 현상은 자칫 위태로워 보인다. 그렇게 성사된 결혼생활이 한때는 행복할 수 있으나 결국에는 아픔으로 변질될 가능성이 높기 때문이다.

좋고 나쁘다는 식의 감정적인 사고를 하다보면, 단순히 아름답다든가 학벌이 좋다든가 재산이 많다는 등의 부차적인 조건에 눈길을 빼앗긴다. 그러다가는 가장 중요한 가풍과 건강, 품성 같은 조건을 잊어버릴 소지가 있다.

재산의 경우 성격이 변화무쌍하다. 지금 많이 갖고 있어도 잃어버릴 수 있고, 사회적·경제적 변동으로 손조차 써보지 못한 채 사라질 수 있다. 한편, 지금은 가난하지만 나중에 큰 부자가 되는 일도 종종 일어난다. 결혼상대가 가난해야 한다는 말은 아니지만, 반드시 재산이 있어야 한다고 생각하는 것은 잘못이다. 적어도 재산 유무는 모든 조건 가운데 가장 부차적인 요건이다. 게다가 본인들 것도 아닌, 양가 부모의 재산을 문제 삼는 것은 어리석은 행동이다.

행복한 가정생활이야말로 인생 최고의 행복

남녀 모두 결혼 적령기에 도달했고, 경제적 여건도 어

느 정도 마련되었다면 더 이상 엄격할 필요가 없다. 자신의 책임과 양식을 믿는 가운데 연애의 꽃을 피워야 한다. 다만 그럴 경우에도 당사자들만 생각해서는 안 된다. 주변 사람들에게 어떤 영향을 미치는지를 염두에 두고, 연장자들의 동의 아래 최적의 상대를 선택한다.

오늘날 결혼은 개인의 자유에 속하는 일이다. 그렇기 때문에 타인의 양해가 필요하지 않다고 말한다. 그러나 그것은 어설픈 지식에 불과할 수 있다. 미래의 행복을 위해 연장자는 적절히 조언하고, 당사자도 그것을 고맙게 받아들여야 한다. 물론 반대를 위한 반대나 악의에 찬 비방은 물리치는 것이 마땅하다. 하지만 두 사람을 진정으로 위하는 가르침에 대해 그냥 지나쳐서는 안 된다. 특히 연애는 사람을 맹목적으로 만드는 경향이 있고, 결혼은 인생의 중대사가 아닌가?

따라서 내가 바라는 결혼의 모습은 단순한 연애결혼도, 이른바 맞선을 봐서 이루어지는 결혼도 아니다. 어느 쪽에서 출발했든 완전한 이해의 바탕 위에서 진행되는 결혼이기를 소망한다.

솔직히 말해, 결혼의 행복감은 그리 오래 지속되지 않

는다. 그러므로 연애에서 결혼으로, 결혼에서 참된 부부애로 급하지 않게 나아가는 것이 바람직하다.

혹시 결혼하고 바로 행복감을 누린다면 그만큼 권태감이 빨리 찾아올 수 있다. 불행히도 두 사람 사이가 그렇게 변했다면 한시라도 빨리 상황을 변화시켜야 한다. 그것은 자기 자신의 건강 및 정신의 문제와 직결되기 때문이다.

다시 두 사람 사이가 조화로워진다면 결혼생활의 행복감이 오래 지속될 것이고, 완전한 부부애로 발전할 수 있을 것이다. 그러는 사이 부부사랑의 결정체라고 할 수 있는 자녀가 태어날 테고, 그로 인해 단란한 가정이 재탄생된다. 행복한 가정생활을 영위하며 자녀가 성장하는 것을 볼 수 있다면, 그것이야말로 인생 최고의 행복 아니겠는가?

부부애의 완성

상대에 대한 애정과 소유욕 중심의 연애가 점차 발전

해 하나로 결합한 것이 바로 결혼이다. 결혼을 통해 연애 감정에서 새로운 부부애가 생겨난다. 부부애로 발전하는 단계에서 연애와 결혼이 비로소 완성되는 셈이다.

부부애의 완성이란 일심동체, 즉 서로 다른 인격이 합쳐져 하나의 새로운 인격을 만들어냄을 의미한다. 따라서 참된 부부는 두 사람이되, 더 이상 둘이 아니다. 완전히 한 사람이 되어야 한다. 남편 혹은 아내로 구별되지 않고 둘이 합쳐져 하나인 것이다. 다툴 것도 없고, 질투할 것도 없다.

남편이 밖에서 일하는 것은 아내가 일하는 것이나 마찬가지다. 거꾸로, 아내가 집에서 일하는 것은 남편이 일하는 것이기도 하다. 남편이 회사업무에 전심전력을 기울이는 것은 곧 아내가 회사업무에 전심전력을 기울이는 것이며, 아내가 집안일에 힘쓰는 것은 곧 남편이 집안일에 힘쓰는 것과 다름없다. 또한 남편이 유혹에 빠지는 것은 아내가 유혹에 빠지는 것이며, 아내의 실책은 남편의 실책이라 봐도 무방하다.

이것이 진정한 부부, 진정한 부부애이다. 그것이 더욱 발전하면 남편이 밖을 바라볼 때 아내도 그곳을 바라보고,

아내가 미소 지으면 남편도 미소 지으며, 남편이 노래하면 아내도 노래하고, 아내가 원하는 건 남편이 원하는 것이 되어간다. 또 아무리 일을 많이 해도 괴롭지 않으며, 서로를 위해서는 목숨을 바쳐도 아깝지 않다고 생각한다. 이러한 상태에 도달한 부부 사이에는 조금의 비밀도 존재하지 않는다. 몸과 마음을 해방시켜 상대에게 모든 것을 맡기며, 나의 모든 것을 내려놓고 상대를 존중한다.

이런 경지는 상대가 나의 소유물이 아니라는 전제에서 가능한데, 그 어떤 희생도 손실도 아니다. 부부애가 진정으로 완성되면, 고통은 서로 나눔으로써 반감되고 기쁨은 함께 즐김으로써 두 배가 된다.

그러나 모든 부부가 잘 살아가기란 현실적으로 쉬운 일이 아니다. 지식, 교양, 취미, 오락, 직업 등에서 차이가 나기 때문이다.

그런 경우 어떻게 해야 할까? 답은 의외로 산단한 데 있나. 다시 출발점으로 돌아가 서로 혹은 적어도 어느 한쪽이, 자신을 내려놓고 상대를 위해 온힘을 다하면 된다. 결국 두 사람의 하나됨을 목표로 하기 때문에 남편을 위한 것이 곧 아내를 위한 것이다. 따라서 두 사람 사이에 희생이나 손해는 존재하지 않게 된다. 하나가 된 부부가 서로 의지하고 돕는다면 결점이나 어려움이 해소되고 일심동체 부부애가 완성될 것이다.

　그러나 이것은 이상적이지 못한 결혼의 사후 대책에 불과하다. 가급적이면 결혼상대(또는 연애상대)는 비슷한 지식과 교양, 비슷한 취미와 기호를 지닌 사람들 사이에서 선택하는 것이 좋다. 나아가 서로를 완전히 이해한다면 더할 나위 없을 것이다.

"

등산과 인생에는 비슷한 점이 있다.

비록 황소걸음일지라도

묵묵히 한 걸음씩 나아가는 것!

그것이 등산의 비결이며,

기나긴 인생의 묘법이다.

"

세상을 위해 최선을 다하는 법

근로기에서 봉사기로

인생계획의 근로기 45년을 완주하고 65세 이후의 봉사기로 접어들었을 때 우리는 자신의 내면을 다시 한 번 들여다봐야 한다. 누구나 최선을 다해 인생의 거친 파도를 헤쳐왔다는 생각이 들 것이다. 그리고 한편으로, 자신이 저지른 잡다한 과실을 떠올리고 후회하게 될 것이다.

그러나 60대까지 한 가지 일을 줄곧 수행해왔다면, 그것만으로도 만족할 만한 상황이 펼쳐져 있을 것이다. 자녀는 대부분 독립했을 것이며, 생활은 그만큼 안정되어 있을 것이다. 따라서 한 개인에게 닥친 남다른 불행 혹은 사회적 이슈가 없는 한, 일반적으로 무난한 삶을 영위해 갈 수 있다.

이제는 자신과 관련해 크게 걱정할 필요가 없으므로 자연히 밖으로 눈길이 향하게 된다. 그리고 세상을 위해 어떤 역할을 하고 싶다는 욕구가 생겨난다.

특히 부모님의 은혜 속에서 응석을 부리며, 선생님과 선배들에게 의지하고, 세상 누군가에게 도움을 받으며 살아왔다고 생각하면, 그 중 일부라도 어떻게든 갚아야 한다는 마음이 생겨난다. 이런 감정이 자리를 잡으면, 충분하진 않더라도 가능한 범위에서 다른 이들을 위해 봉사하고 싶어진다.

현실적으로 역량이 안 될 수도 있지만, 그런 마음이 생겨나는 건 자연스러운 일이다. 그런 것들을 실천하며 나이 들어가는 삶이야말로 우리가 경험할 수 있는 지극한 행복 아닐까?

세상과 마음을 나누는 일

봉사는 생활이 안정되어 있어야 가능하다. 하지만 반드시 은퇴한 후에 시작할 필요는 없다. 직업적인 성공을 거두고 경제적으로 여유로워지면 중장년에도 관계없다.

그런데 어느 방면에서 어떤 봉사를 해야 할까? 나는 앞으로 정치영역, 공공의 일, 사회사업 등의 많은 부분이 완전 무보수, 문자 그대로 명예직이 되어야 한다고 생각한다. 사업적으로 빨리 성공해 생활이나 활동면에서 여유를 갖춘 사람은 국회의원으로 나서도 좋겠다. 또 각종 단체 및 연구기관의 위원, 임원이 되어 사회를 위한 공공사업에 이바지하는 것도 좋다고 생각한다.

물론 이처럼 공직에 나가는 것만이 봉사는 아니다. 창의적인 아이디어를 내서 사회에 공헌하는 것도 의미가 있다. 은퇴 후에 시도할 수 있는 봉사활동은 매우 다양하다.

일반적으로 60세 이후에는 학식이나 경험 등이 원숙한 경지에 도달한다. 과거의 활동이 사회적으로 평가받으며, 지위나 명예 또한 그에 상응해 있을 것이다. 그러한 사람들이 힘을 합쳐 공공의 이익을 위해 노력한다면 정치·경제·사회 전반에 바람직한 영향을 미치지 않을까?

사회봉사의 구체적 방법에 대해서는 특정 분야로 한정할 필요가 없다. 사람은 저마다 처지와 내력이 다르므로, 지나온 삶을 통해 축적된 식견과 소신을 활용하는 것이 가장 바람직하다.

나의 사회봉사

나는 만 60세에 정년을 맞이해 대학교수직을 그만두었다. 당시 몸과 마음이 모두 건강한 상태였고, 아직은 일이 필요하다고 생각되었다. 사립대학이나 기업에서 좋은 조건을 제시하며 의사를 타진해오기도 했다. 그러나 60세 이후에는 사회에 봉사하며 지내겠다는 인생계획이 있었기에 모두 거절하고 적임자를 추천해주었다.

그 후로 '봉사의 길'을 걷기 시작했는데, 10여 곳에 이르는 의회 내 단체의 임원을 맡았다. 이는 앞에서 언급한 나의 가치관에 근거한 것이었다. 모든 일을 무보수로 맡

왔을 뿐만 아니라, 창립된 지 얼마 안 되는 단체의 경우 경제적 안정을 이룰 때까지 결손을 메워주는 입장에 놓이기도 했다. 하지만 나는 그것을 일종의 '명예세금'이라고 생각해 기꺼이 수행했다.

한편 선출직으로 지자체 의원, 학무위원, 토목위원 등(모두 도쿄 시부야 지역)이 된 경우도 있었다. 하지만 추악한 정쟁과 이권다툼의 도가니 속에 놓여 있음을 깨닫고는, 임기 4년이 끝나자마자 그곳에서 빠져나왔다. 그리고 그쪽 방면과는 접촉을 피했다.

나는 단순한 명예욕에 기인한 공적인 활동, 직업으로써의 정치, 생활을 위한 국회의원의 상업행위 등에 강력히 반대해왔다. 그렇지만 직업적 성공 뒤의 공공활동, 생활이 안정된 뒤 정치인으로서의 봉사 등에 대해서는 반대하지 않는다. 오히려 그런 의지를 가지라고 적극 격려하고 싶다.

봉사기에 접어들면 사람들이 각종 명예직을 맡아달라고 찾아오기도 한다. 큰 문제가 없는 한 그 자리를 맡는 것이 적절하다고 나는 생각한다. 하지만 80세가 넘으면 미련 없이 후진에게 넘겨주고 물러나야 한다.

대체로 노인은 자만심과 고집이 강해 여전히 '젊은 사람 못지않다'는 생각으로 명예직에 연연하는 경향이 있다. 이는 자신에게도 안 좋은 일이지만, 세상에도 폐를 끼치는 행동이다.

인생상담은 노년기 최고의 의무

살아가면서 주변에 인생상담 한두 번 안 해준 사람은 없을 것이다. 상담을 요청하는 당사자에게는 매우 중요한 문제로, 상담자 역시 진지한 자세로 임해야 한다. 어쩌면 인생의 중요한 문제에 대해 적절한 답을 제시하는 것이야말로 노인들에게 최상의 의무가 아닐까? 그래서 나는 노년기의 인생계획으로 이 부분을 특별히 언급해두고 싶다.

'인생상담'을 중요하게 바라보는 데에는 이유가 있다. 나는 젊은 시절부터 많은 고뇌와 번민 속에서 생활했는데, 스승과 선배들의 조언 덕분에 그 시기를 잘 넘길 수 있었다. 물론 고전문학에 등장하는 금언이나 명구의 도움도 컸다.

그러한 도움에 보답하기 위해서라도 나는 기회가 닿는 대로 젊은이들과 이야기 나누고 격려해주는 역할을 해야겠다고 마음먹었다. 하지만 이는 쉬운 일이 아니다. 상식과 경험이 풍부한 사람이 아니면 바른 길로 이끌어주기가 어렵기 때문이다. 나 또한 아직 미숙하고 재주가 모자란다고 여겼기 때문에 가급적 사양했다. 그러다가 80세를 넘기면서 그 일을 맡기로 작정했다.

내 마음속에 어떤 변화가 있었던 것일까? 내가 경험한 80년이라는 시간을 혼자 독점한 채 끝내서는 안 된다는 생각이 들었다. 수많은 사람과 사회를 통해 얻은 것들을 다시 사회에 돌려주고 싶었다. 또한 노인이라고 해서 무위도식하며 지내는 것을 용인하지 않는 시대가 되었으므로, 보다 적극적으로 사회적 역할을 도모해야 한다고 여겼다.

나는 그동안 사양해온 '인생상담'이야말로 안성맞춤의 일임을 깨닫게 되었다. 한편, '인생상담'은 외부와의 접촉을 통해 가능한 일이므로 그 과정에서 세상사를 엿볼 수 있는 장점이 있었다.

나와 '인생상담'

　과거 50년 동안 내가 해온 인생상담이 3천 건에 이르는 듯하다. 나는 젊은 시절부터 그런 일과 관계가 깊었다.

　내 문제로 은사와 선배들에게 이런저런 도움을 받은 것은 별도로 치더라도, 15세부터 23세까지 고학하던 시절에 그 분야의 대가들에게 관상술을 배우며 인생상담에 필요한 소양을 갖춰나갔다. 이어 27세에는 '남북관'이라는 점집의 비밀 고문으로서 재미삼아 일을 거들기도 했다. 30대에 들어서는 우연히 어떤 백작 집안에서 벌어진 소동을 해결해준 것이 계기가 되어 여러 귀족들의 상담역을 맡기도 했다.

　그러다 66세 무렵 〈아사히신문〉에 투고한 것이 계기가되어 3년 동안 인생상담 코너를 맡게 되었다. 그런 뒤로는 집으로 장문의 상담편지가 오거나 직접 사람이 찾아오는 바람에 상당히 많은 시간을 할애할 수밖에 없었다. 도쿄에서 지방으로 이사한 뒤에는 방문객 숫자가 줄었지만, 서면을 통한 상담 요청은 변함이 없었다.

　따라서 인생상담이라는 계획이 나에게 완전히 새로운

문제는 아니었다. 그러나 과거에는 상대의 부탁에 응한 수준이고, 바쁠 때는 완곡히 거절하기도 했다. 하지만 이제는 노후 계획의 일환으로 상담역을 하겠다고 나서는 만큼 다른 측면이 있었다. 비록 사회에 봉사하겠다는 생각에서 무료로 진행하는 것이지만, 상담을 요청하는 입장에서는 진지할 수밖에 없는 인생의 큰 문제였다. 그러므로 나로서도 신중하게 접근하며, 매번 최선의 판단과 조언을 하겠다는 각오가 필요했다.

노후에 어울리는 일

노년에 행한 인생상담은 과거와 크게 다른 점이 존재했다. 과거에는 "자선은 필요한 물품을 직접적으로 주기보다 그것을 만들어내는 방법을 알려줘야 한다"는 신념이 강했다. 그래서 당장의 생계문제로 곤란을 겪는 사람에게조차 이치에 닿는 말만 늘어놓곤 했다.

그런데 근래에는 생각이 조금 바뀌었다. 상담을 요청해올 정도면, 대체로 어떻게 해볼 도리가 없는 곤란 속에서 생각이 꽉 막혀버린 경우가 많았다. 따라서 꼭 필요한 금전이나 물품을 도와줌으로써 마음을 안정시킨 후, "이러이러한 방법을 취하세요"라고 이야기하는 것이 오히려 적절하다는 생각이 들었다.

지금까지의 상담에 비하면 다소 저속해보일지도 모르겠다. 하지만 대승적 관점에서 보면 그렇게 하는 편이 훨씬 효과적인 경우가 많았다. 당시에 나는 연수입의 4분의 1을 자선용도로 배정해놓았기 때문에 큰 지장 없이 실행할 수 있었다.

그런데 전후로 경제적 변동이 극심했고 인플레이션으로 물가는 폭등했다. 아울러 재산세와 그 밖의 여러 경제적 부담이 겹치면서 노후를 대비한 재산이 몽땅 사라져버릴 위기에 처했다. 나는 곰곰이 생각한 끝에 상담소의 이름을 내걸면 어떨까 하는 생각이 들었다. 사례금을 낼 수 있는 사람에게는 돈을 받고, 쪼들리는 사람에게는 그런 수입을 나눠주면 될 일이었다. 그러나 결국 그렇게까지는 할 수 없었다. 무엇보다도 손자들이 "제발 역술가나 점쟁이 노릇은 하지 말아주세요"라며 적극적으로 말렸기 때문이다.

어쨌든 상담역은 노년에 할 만하고, 사회봉사에 어울리는 일이기도 하다. 나처럼 세밀하게 고민하지 않더라도, 인생계획에 포함시킬 가치가 있는 의무적 사례라고 생각한다.

"

사람의 장점을 쓰고자 하면,

세상에 버릴 사람이 없다.

사람의 단점을 책망하고

완벽을 기하려 들면,

천하에 쓸 만한 사람이 없게 된다.

"

노후에 생각해야 할 것들

노년의 주거계획

70세가 가까워지면 대개 장남이 불혹의 나이에 도달해 있는 경우가 많다. 딸인 경우라면 결혼해 자녀를 둘쯤 두었을지도 모른다. 이제 더 이상 일하겠다고 나설 필요가 없고, 그렇게 편히 지내는 편이 나을 수도 있다.

노년에는 도시에 거주하면서 적어도 한두 시간 안에 갈 수 있는 곳, 멀어도 하루에 왕복할 수 있을 정도의 명승지에 별장을 마련하는 것이 좋다.

그럴 경우 가급적 기후가 따뜻하면서도 물이 맑고 산

이 좋은 호수 근처가 좋을 것이다. 그리고 가까이에 온천지대가 있다면 더 바랄 것이 없겠다. 아울러 때때로 자식과 손자들이 찾아오기 쉽도록 교통이 편리한 지역이라면 최고라고 할 수 있을 것이다.

이처럼 좋은 조건을 지닌 곳은 웬만한 부자가 아니면 힘들다고 생각할 수도 있다. 하지만 젊었을 때 인생계획에 포함시킨 뒤 근검절약한다면 충분히 달성할 수 있는 소망이라고 생각한다. 인생계획을 실천해나가면 바로 이런 점에서 묘미를 느낄 수 있다.

나는 25세 때 이미 별장계획을 세워놓았다. 그리하여 40세 무렵부터 여행을 다닐 때마다 후보지를 물색하곤 했다. 그 결과 적당한 곳을 찾았고, 그 마을의 어른이나 유력인사 등에게 매입방법을 의뢰해두었다.

오랜 시간을 두고 나는 기후가 온화한 온천지 3곳, 호반의 경승지 3곳 등 총 6곳을 은퇴후보지로 매입했다. 6군데 모두 임대해 경작을 맡기거나 나무를 심어 가급적 유지비가 들지 않도록 했다. 그러다가 마침내 은거할 곳을 결정하고는, 쓰지 않게 된 한두 군데의 토지를 매각해 건축비 등으로 사용했다. 내가 이토 지역에 분수에 맞지 않아 보이는 별장을 마련할 수 있었던 것은 순전히 이런 인생계획 덕분이었다.

재산의 상속 및 분배계획

일본은 전통적으로 가족주의적 분위기가 강했다. 그러다 근대를 거치며 자유주의와 자본주의 경제가 발달하게 되었다. 그럼에도 불구하고 재산의 상속에 관한 한, 과거의 관습이 용인되는 상황이 계속되었다.

나도 몇 차례 이런 문제를 상담한 적이 있었고, 궁금한 점이 생겨 자세히 살펴보게 되었다. 이 부분 역시 적당한 방법을 미리 강구해두는 것이 인생계획에서 중요하다.

때로 형제들이 서로 권리를 주장하고 재산 상속문제가 뒤엉킴으로써 가족관계가 분열되거나 단절되기도 한다. 따라서 재산 분배에 관한 가닥을 분명하게 잡아놓아야 한다.

구두로 약속하거나 단지 그렇게 할 생각이었다는 것으로는 문제가 해결되지 않는다. 세월이 흐르면서 인간의 기억을 믿을 수 없게 되고, 느닷없이 재산이 줄어들기도 하며, 인간의 생각 자체가 변하기도 하기 때문이다. 재산의 상속 및 분배는 마음속으로 가닥이 잡혔을 때 곧바로 실행하는 것이 바람직하다. 또 양도자의 형편에 따라 언제든지 실행할 수 있도록 관련 서류를 완비해두어야 한다.

오늘날은 바야흐로 민주주의가 만개한 시대이다. 특히 "일하지 않는 자는 먹지도 말라"고 말하며, 누구나 직업을 갖고 일을 해야 한다. 이것은 이른바 불로소득(재산수입)으로 살아가는 일이 점점 어려워짐을 의미한다. 설령 재산을 분배받는다고 해도 그것만으로는 생활의 안정을 기대할 수 없다.

나는 개인적으로 아무리 자손이 소중하고 예쁠지라도, 그들에게 재산을 넘겨주겠다는 낡은 생각은 버려야 한다고 생각한다. 오히려 자식들 스스로 필요한 재산을 형성해가도록 단련시키는 일이 중요할 것이다.

따라서 가장 좋은 노후재산 처리방법은 사회의 공공이익을 위해 모두 기증하는 것이다. 나 또한 이것을 실천하려 노력하는 중이다.

유언장을 미리 작성한다

결혼 후에는 만일의 상황이 생겼을 때를 염두에 두어야 한다. 따라서 유족이나 관계자들이 뒤처리에 어려움을 겪지 않도록 유언장을 미리 준비해 주요 서류와 함께 보관해두는 것이 좋다.

나는 직업상 자주 해외에 나갔는데, 두 번째 출국 때부터 출발 전에 유언장을 작성했다. 그리고 그것이 습관이 되어 매해 연말마다 유언장을 고쳐쓰곤 했다. 내 유언장에는 유산에 관한 것 외에, 학생시절부터 40세 무렵까지 신세를 지거나 은혜를 베풀어준 분들에게 드리는 선물, 남겨진 사람들이 모르는 사항들을 세세하게 기록해두었다.

70세 이후로는 은인이나 선배들은 물론, 가까운 분들까지도 세상을 떠난 경우가 많아 그런 의무 대상자가 거의 사라졌다. 특히 만 60세부터 여분의 재산을 사회에 환원하기 시작했고, 자식들에게도 약간씩이나마 물려줌으로써 77세에는 그 일도 모두 정리가 되었다.

그리하여 그 뒤로는 유언장에 장례식을 어떻게 치를

지, 약간 남은 유산을 어떻게 처분할지 등을 간단히 적는 정도가 되었다. 따라서 매년 다시 작성할 필요도 없어져, 이제는 작성된 유언장을 보관만 하고 있다.

이처럼 유언장의 필요성은 현역에서 물러난 사람보다는 지금 한창 일할 나이인 장년층에게 절실하다. 흔히 유언장이라면 노인들이 쓰는 것이고 재산 분배를 언급하는 것으로 한정짓기 쉽다. 하지만 활동폭이 넓고 중요한 지위에 있을수록 이런 준비를 게을리해서는 안 된다. 유언장은 인생계획의 연장, 아니 최후의 계획서를 쓰는 것이다. 따라서 근로기의 필수사항에 포함시켜야 할 것이다.

66

삶은 어느 순간이라도
향상을 도모하는 과정이어야 한다.
아울러 사회봉사를 향한 노력이어야 한다.
만약 노인이라는 이유로
나태한 생활을 선택한다면,
이는 곧 인생의 퇴보를 의미한다.

99

품위 있게 나이드는 법

사랑받는 노인의 조건

노년에 접어들면 피부로 느끼는 시간의 흐름이 더욱 빨라진다. 그러다가 문득 '내가 언제 나이를 이렇게 먹었나' 하며 깜짝 놀라곤 한다. 그러나 옛날의 젊음으로는 결코 돌아갈 수 없는 것이 인간사이다.

간혹 외과수술이나 호르몬제 투입 등 인위적인 방법으로 젊음을 되찾겠다고 광분하는 사람이 있다. 하지만 그럼으로써 얻게 되는 약간의 효과는 시간이 지나면서 약해지고, 오히려 부작용이 나타나기도 한다.

그래서 나는 젊은 시절부터 무리하지 않음으로써 나에게 주어진 활동력을 오래 유지하려 애썼다. 일상생활에서도 그 점에 많은 주의를 기울였다. 즉, 보통의 양생법과 보통의 건강법을 이용한 자연스러운 노화가 바람직하다고 생각한 것이다.

한편, 인간은 노령화와 함께 사랑의 감정이 자연스레 고갈되어간다. 이것이 원인으로 작용해 치매에 이르는 경우도 많다. 나는 노인이라는 이유만으로 진실한 사랑의 감정을 억누르지 않아야 한다고 생각한다. 여전히 사이가 좋은 노부부는 옆에서 보는 것만으로도 아름답다. 또한 자식, 손자, 증손자에 대해 파도처럼 일어나는 애정과 애착은 노인의 생활을 더욱 윤택하게 해준다. 그리고 동시에 노인들의 기운을 북돋워준다.

노인들이 특유의 고독감에 빠져드는 까닭은 완고하며, 지기 싫어하고, 이기적이 되며, 스스로가 느끼는 애정을 억누르기 때문이다. 따라서 가급적 관대하고 겸손하고 친절하게, 모든 이를 사랑의 마음으로 대한다면 젊은 사람들에게 환영받는 노년이 펼쳐질 것이다.

후쿠자와 유키치福澤諭吉(1835~1901, 일본 개화기의 계몽사상

가) 선생은 "젊어서 웃어른들과 사귀고, 나이 들어서 젊은이들과 사귀라"고 했다. 이는 청년들에게 매우 적합한 가르침인 동시에 노인들에게도 훌륭한 메시지이다.

노인이라고 해서 움츠러드는 생각을 해서는 안 된다. 몸과 마음이 허락하는 한 자유롭고 자연스럽게 행동해야 한다.

노년을 편안히 살아가는 방법

더디게 늙는 사람에게는 무언가 남다른 '삶의 이유'가 있게 마련이다. 노년을 편안히 살아가는 방법에는 대략 다음의 세 가지가 있다.

첫 번째는 한창때 하던 일 가운데 일부를 늙어서도 계속하는 것이다. 봉사의 의미를 가지되, 후진들에게 방해가 되지 않는 선에서 활동하면 된다. 이것은 사회적으로도 큰 의미가 있으며, 노년의 쇠약함을 극복하게 해주는 계기가 된다.

인간은 사회적 활동을 통해 새로운 희망을 싹 틔우게

마련이다. 희망이야말로 생명의 원천이며, 희망을 잃지 않는 한 인간은 쓸모없이 늙지 않는다. 따라서 노년에도 지속적으로 일을 하는 것이 좋다.

간혹 나이가 많이 들어 도저히 일을 못하겠다는 사람도 있는데, 그것은 해보지 않았기 때문이다. 즉, 하지 않으니 할 수 없는 것이다. 이 말은 노인에게 무언가를 강요하기 위한 것이 아니다. 자연스럽게 몸과 마음을 일하게 하면 된다. 작년까지 잘 해오던 일을 정년이 되었다고 해서, 혹은 후배들에게 물려주었다고 해서 오늘 당장 못하게 될 리는 없다. 생각을 바꿔 다시 노력한다면, 그 누구든 급격하게 늙어가는 일은 없을 것이다.

두 번째로 자신이 나이들었다는 사실을 담백하게 받아들여야 한다. 이는 활동력이 부족하고 주도적으로 나설 용기가 없는 사람들에게 특히 필요하다. 이제 아무것도 할 수 없다고 생각하는 것보다 훨씬 마음이 편안해진다.

노년은 투쟁이나 승패에서 벗어나 평온하게 결과물을 누리고, 그것을 통해 행복을 맛봐야 하는 시기이다. 명예의 헛됨을 자각하며 물러남의 고적함을 느낄 때이다. 마음먹었던 일을 수행하고 이제는 느긋하게 자신만의 시간을 누릴 때이다. 그리하여 비로소 그동안 해보고 싶었던 것을 마음껏 시도할 수 있다.

삶을 북돋워주는 인문교양을 쌓거나 새로운 분야에 대한 지적 욕구를 불태우는 것은 어떤가? 관심분야를 전문적으로 연구해보는 것도 바람직하다. 문장력이 있다면 노년의 일상을 아름답게 글로 써보는 것도 좋겠다.

인간으로서 모든 애정과 야심과 희망 따위를 충족한 뒤 그것을 초월해 조용히 안거할 수 있다면, 이는 가장 위대한 노후의 삶이라 할 만하다. 어찌 행복하지 않겠는가? 무심한 관찰자로서 조용히 자신을 들여다볼 수 있다면, 무엇 하나 걸리는 것 없이 무위로 변환되는 극치의 노경에 이르렀다고 할 것이다.

첫 번째와 두 번째 요소는 동전의 양면과도 같다. 단지 하나는 동적인 표현이고, 다른 하나는 정적인 표현이라 할 수 있다.

세 번째로 노년을 잘 살아가는 방법은, 가급적 일찍부터 음덕을 쌓고 나이 들어서는 그 보응 속에서 살아가는 것이다.

과거에는 자산을 만들어 안전하게 운용하면 누구나 안

온하게 노후를 지낼 수 있었다. 그러나 오늘날에는 재산을 크게 일구어도 그것만으로는 안심할 수 없다.

따라서 미리 음덕을 베풀고 보응을 기다리는 삶은 어떨까? 이는 청장년 시기에 보통사람보다 열심히 일하고 절약하되, 여력이 생기면 조용히 다른 사람을 돕고 사회를 위해 공헌하는 것을 의미한다. 어쩌면 그 자체가 노후에 커다란 정신적 위안이 될 것이다. 게다가 어떤 형태로든 긍정적인 모습으로 보상이 나타날 것이다.

다만, 그것이 반드시 찾아올 거라고 믿어서는 안 된다. 그렇게 생각하는 것 자체가 이미 불순하며 그릇되었다고 할 수 있다. 음덕은 문자 그대로의 음덕으로, 그에 따른 보상이 있어도 좋고 없어도 좋다. 그런 생각으로 지내다 보면 정신적인 면뿐만 아니라 물질적인 부분에서도 풍요롭고 행복한 생활을 영위하게 될 것이다.

노인의 6가지 버릇과 7가지 계율

노인들의 깨우침을 돕는 옛 노래가 있다. 군이 제목을

붙인다면 '늙은이의 6가지 못된 버릇'이라고 할 수 있겠다.

이를 내 일상생활에 견주어봤더니 어찌 그리 딱 들어맞는지 절로 고개가 끄덕여졌다. 그리고 부끄러운 마음이 들었다. 어떻게든 이런 버릇에서 벗어나고픈 마음에 그 노래를 소개한다.

늙은이의 6가지 못된 버릇

잔소리가 많고 걸핏하면 화를 내고 푸념하기 일쑤에
생각하는 것마다 낡아빠졌네

빨리 죽고싶다며 징징대기나 하고
주제넘은 참견쟁이 이골이 났네

입만 열면 같은 소리에 손자들 칭찬
혼자서만 말이 많아 남의 입 막기 바쁘네

옛날이 좋았지 지금은 형편없고

아침일도 점심 되면 다시 또 묻네

새 지식 외면하니 케케묵었고
그저 옛 문구나 고전만 들먹이네

오늘날 좋은 일도 많고 많건만
그저 못된 일만 들먹이며 세상 욕하네

노인이 지켜야 할 7가지 규칙

1_ 명리와 나이를 초월해 날로 새로운 노력을 즐기자. 다만 타
   인의 명리와 나이는 존중한다.
2_ 타인의 말을 경청하되, 묻지 않는 말은 하지 않는다.
3_ 자기자랑, 옛날일, 질질 늘어지는 이야기는 삼가며, 같은 말
   을 반복하지 않는다.
4_ 젊은이의 단점, 결점, 실패를 책망하지 않으며, 연민어린 시
   선으로 조언한다.
5_ 젊은이의 의견, 행동, 계획을 비난하지 않으며, 가급적 용기
   를 북돋운다.

6_ 노인의 창의적 의견 혹은 창작에 대해 젊은이들의 의견을 묻되, 그들이 찬성하면 발표한다. 아울러 그 공은 젊은이에게 돌리고 책임은 스스로 진다.

7_ 회의 혹은 모임에서 젊은이들에게 먼저 발언권을 준다. 아울러 가급적 젊은이의 말을 살려주되, 필요할 경우 보충적인 역할을 한다. 즉, 비단 위에 꽃을 장식하는 방식으로 임한다.

젊은이에게 교훈을 전하고 싶을 때

노인과 젊은이 사이, 특히 부모자식 사이에 일어나기 쉬운 비극적 충돌 혹은 오해는, 노인이 자신의 완고한 감정이나 지식, 도덕을 젊은 사람들에게 강요하려는 데서 발생하는 경우가 많다.

원래 사상이나 지식, 도덕은 나이와 함께 변화하게 마련이다. 그런 까닭에 부모의 체험을 아들이나 손자에게 곧바로 전해주거나 알게 하기란 대단히 어려운 일이다.

노인의 마음가짐과 생활태도를 젊은 사람들에게 그대로 따르라는 건 억지이다. 혹시라도 그 부분을 강요하면 충돌이 일어나며, 부모자식 사이일지라도 불화가 싹튼다. 따라서 가급적 이런 충돌이 일어나지 않는 범위에서 가르침이 이루어져야 한다.

하지만 노인은 무언가를 가르쳐야 된다는 생각에 사로잡히기 쉬운데, 적절한 경험이나 사례를 재미있게 들려주는 것에 머무르는 것이 좋다. 사실 그것만으로 충분하다. 구구하게 자신의 의견을 강요하면 도리어 반감 혹은 반발을 사게 마련이다.

자손들이나 젊은이들에게 직접화법을 통한 교훈이나 무조건적인 설법 대신, 나의 체험을 근거로 있는 그대로의 세상사를 알려주려 노력했던 것 역시 이런 점 때문이었다.

인생계획의 마지막 단계

나는 인생계획에서 낙로기를 만 85세 이후로 규정했지만, 이는 각자의 처지와 건강, 그 밖의 사정에 따라 결정하면 된다. 이 시기에는 그동안 충분히 일하고 사회봉사도

했다는 자신감을 갖고 느긋하게 여생을 보냈으면 싶다.

일과 배움을 병행하며 건강과 활력이 넘치는 가운데 인생의 마무리 단계에 이른 사람은, 셰익스피어가 말한 것처럼 "마무리가 좋으면 모든 것이 좋다"고 할 수 있다. 그야말로 지고지복의 경지 아니겠는가?

이 지점까지 인생의 항로를 잘 헤쳐온 사람은 확고한 인생관 혹은 처세관을 지녔다고 할 수 있다. 어떤 일을 하든 무리가 따르지 않고, 가는 곳마다 넓고 큰 흐름을 이루며, 사물의 기준에도 부합하여 주변을 교화하고 사회를 이끌어갈 수 있다. 아울러 세상을 이롭게 한다. 그리하여 세상의 존경을 받으며 심플하면서도 풍요로운 만년을 즐길 수 있다.

이 시기를 의미 있게 보내는 건 인생의 마지막 단계를 장식하는 일이므로 매우 중요하다. 한 인간으로서 완성에 가까운 진·선·미를 구현하여 고귀한 삶이 실현되기를 바란다.

낙로기에 접어들면 아무리 뛰어난 사람이라도 책임 있는 지위나 일에서 내려오게 마련이다. 또한 마땅히 그러해야 한다.

그러나 여러 해 동안의 습관을 갑작스레 고치는 것은 심신의 건강에 오히려 좋지 않다. 따라서 점차 일을 줄이며 순수한 낙로기 생활로 접어들어야 한다.

낙로기에는 심신에 무리가 없고 가급적 위안과 보양이 되는 일을 선택하는 것이 좋다. 예를 들어, 나 같은 학자는 주경야독의 생활을 연장하는 것이 바람직할 것이다. 또한 소규모 농업과 원예를 취미로 삼는 건 어떨까? 그 과정에서 신선한 공기를 호흡하고 적당한 운동도 할 수 있으니 일종의 회춘법이 될 수도 있다. 또 직접 재배한 야채와 과일을 먹을 수 있고, 가벼운 노동을 함으로써 식욕이 좋아지고 수면도 충분히 취할 수 있게 된다.

각지의 문화유적을 돌아보는 것도 좋고, 가까운 친구나 선후배를 방문하는 것도 바람직하다. 산과 들을 찾아다니고 유유히 흐르는 강물에 낚싯대를 드리우는 것 또한 근사한 일이다. 청명한 날에는 마음껏 바깥공기를 마시고, 바람이 불거나 비가 오는 밤에는 실내에서 독서하거나 집필을 즐기는 건 어떤가? 이 또한 노년의 지극한 행복 아니겠는가?

바둑, 장기, 노래, 다도나 꽃꽂이, 서예나 그림 따위를 익히는 것도 노인들에게 적합한 소일거리이다. 저마다 자기에게 맞는 취미를 찾으면 된다.

노인이 되면 자칫 시대에 뒤떨어질 수 있지만, 그렇다고 일부러 새로운 것을 찾아다닐 필요는 없다. 뉴스에 귀를 기울이거나 신문이나 잡지를 읽는 것으로 충분하다. 새로운 지식이 담겨 있는 신간서적에도 눈길을 돌린다면 더욱 바람직하겠다.

나도 어느덧 인생계획의 4기인 낙로기, 즉 노년을 즐길 시기에 접어들었다. 앞으로의 생활은 완전히 미지의 세계이다. 하지만 수많은 인생 선배들의 이야기를 보고 들었으며, 관련 저작물들도 다양하게 읽어왔다. 나의 새로운 인생계획에서 희망하는 노년생활은 오로지 자연의 품에서 노니는 자유인이 되는 것이다. 그렇게 조용히 무위의 경지로 나아가며 생을 마치고 싶다.

삶의 마지막 순간

우리가 마지막으로 이야기 나눌 주제는 가장 중대하고

엄숙한 문제인 죽음이다. 과연 죽음을 어떻게 맞이해야
할까? 결코 죽음을 서두를 이유는 없다. 또한 모든 사람
이 꿈꾸는 대로 죽음을 맞이할 수 있는 것도 아니다. 그
러므로 여기에서는 불가피한 육체의 붕괴, 즉 죽음을 맞
이하는 바람직한 태도와 죽음에 대한 나의 희망을 언급
하는 정도로 이야기를 마무리하고자 한다.

　인간으로서 맞이하는 몸의 붕괴는 눈부신 과학 발전으
로도 결코 피할 수 없다. 아무리 절규하고 몸부림쳐도 마
찬가지다. 이처럼 절대로 피할 수 없는 현실에 직면했을
때 우리가 취해야 할 현명한 태도는, 마음을 비우고 상황
을 있는 그대로 받아들이는 것이다.

　하지만 그것이 단순한 포기여서는 안 된다. 죽음의 깊
고 깊은 곳에 자리한, 환희의 빛이 반짝이는 깨달음이어
야 한다. 누구나 죽음 앞에 서면 재산도, 권력도, 명예도
소용없음을 깨닫게 된다. 우리 앞에 존재하는 것은 오로
지 죽음이라는 엄숙한 사실뿐이다. 죽음은 인간의 마지
막 순간에 맞이하는 단 하나의 진이요 선이요 미다.

　종교적 관점에서 이 부분을 들여다보자. 모든 삶은 언
제 어디서나 그 누구라도 다양한 번뇌를 안고 계속 떠도

는 것이며, 끊임없이 깨달음 혹은 어떤 신앙으로 귀일하려는 과정에 있다. 대상이 무엇이든 간에 인간은 구도의 열망 없이는 살아갈 수 없다. 가령 과학자는 과학을 믿고, 그 무엇도 믿지 않는다고 말하는 허무주의자는 허무를 믿는 것이다. 따라서 죽음과 관련해 신앙의 힘에 기대는 것도 나쁘지 않다고 생각한다.

불교에서는 서방정토를 말하며, 기독교에서는 천국을 이야기한다. 두 가지 모두 죽음은 임시 통로이며, 그곳을 벗어나 앞으로 나아가면 영생불변의 세계가 존재한다고 가르친다. 극락이나 천국은 인간세상보다 훨씬 깨끗하며 아름답고 즐거운 곳이다. 따라서 죽음이 오히려 기뻐하고 감사할 일이라고 설파한다. 이를 믿고 믿지 않고는 사람마다 다르겠지만, 죽음에 직면하는 순간 인간은 어느 쪽인가를 선택해야 할 것이다.

이미 반복적으로 언급해온 것처럼, 나는 생명의 영원불멸을 믿는다. 설령 생명의 그릇이라 할 수 있는 육체가 사멸한다 해도, 우리의 생명과 정신은 직접적으로는 생식세포에 의해 자손들에게 유전되고, 간접적으로는 업적이나 저술 등으로 후세에 살아남는다고 확신한다.

따라서 나는 죽음이 다가오더라도 두려움을 느끼지는 않을 듯하다. 물론 그렇다고 해서 특별히 기쁘다는 의미는 아니다. 그저 살 수 있을 만큼 살되, 날로 새로워지려는 노력을 즐기며, 이 세상의 누군가를 위해 열심히 일하고, 오랜 세월이 지나도 기억될 업적을 묘비에 남기고 싶은 마음으로 살아가고 있을 뿐이다.

"

인간이 활동하는 곳,

바로 그곳에서 새로운 희망이 솟아나는 법이다.

희망이야말로 삶의 원천이다.

희망을 잃지 않는 한

인간은 결코 늙었다고 할 수 없다.

"

나의 인생계획

지은이 혼다 세이로쿠
옮긴이 전형배

펴낸곳 도서출판 창해
펴낸이 전형배

출판등록 제9-281호(1993년 11월 17일)
1판 1쇄 인쇄 2017년 2월 13일
1판 1쇄 발행 2017년 2월 20일

주소 서울시 마포구 토정로 222(신수동 448-6) 한국출판콘텐츠센터 316호
전화 02-333-5678
팩스 02-707-0903
E-mail chpco@chol.com

ISBN 978-89-7919-010-6 03190
ⓒ창해, 2017, Printed in Korea.

「이 도서의 국립중앙도서관 출판예정도서목록(CIP)은
서지정보유통지원시스템 홈페이지(http://seoji.nl.go.kr)와
국가자료공동목록시스템(http://www.nl.go.kr/kolisnet)에서
이용하실 수 있습니다.(CIP제어번호: CIP2017002908)」